Análise econômico-financeira

PUBLICAÇÕES
FGV Management

ECONOMIA E FINANÇAS

Análise econômico-financeira

Luiz Guilherme Aboim Costa
Myrian Layr Monteiro Pereira Lund

FGV | EDITORA IDE

Direitos desta edição reservados à
FGV EDITORA
Rua Jornalista Orlando Dantas, 37
22231-010 | Rio de Janeiro, RJ | Brasil
Tels.: 0800-021-7777 | 21-3799-4427
Fax: 21-3799-4430
editora@fgv.br | pedidoseditora@fgv.br
www.fgv.br/editora

Impresso no Brasil / *Printed in Brazil*

1ª edição – 2018

PREPARAÇÃO DE ORIGINAIS: Sandra Frank
EDITORAÇÃO ELETRÔNICA: Abreu's System
REVISÃO: Aleidis de Beltran | Fatima Caroni
CAPA: aspecto:design

Ficha catalográfica elaborada pela
Biblioteca Mario Henrique Simonsen/FGV

Costa, Luiz Guilherme Tinoco Aboim
Análise econômico-financeira / Luiz Guilherme Aboim Costa, Myrian Layr Monteiro Pereira Lund. – Rio de Janeiro: FGV Editora, 2018.
164 p.

Publicações FGV Management.
Área: Economia e finanças.
Inclui bibliografia.
ISBN: 978-85-225-2039-8

1. Administração financeira. I. Lund, Myrian Layr Monteiro Pereira. II. FGV Management. III. Fundação Getulio Vargas. IV. Título.

CDD – 658.15

Aos nossos alunos e aos nossos colegas docentes,
que nos levam a pensar e repensar nossas práticas.

Sumário

Apresentação

Este livro compõe as Publicações FGV Management, programa de educação continuada da Fundação Getulio Vargas (FGV).

A FGV é uma instituição de direito privado, com mais de meio século de existência, gerando conhecimento por meio da pesquisa, transmitindo informações e formando habilidades por meio da educação, prestando assistência técnica às organizações e contribuindo para um Brasil sustentável e competitivo no cenário internacional.

A estrutura acadêmica da FGV é composta por nove escolas e institutos, a saber: Escola Brasileira de Administração Pública e de Empresas (Ebape), dirigida pelo professor Flavio Carvalho de Vasconcelos; Escola de Administração de Empresas de São Paulo (Eaesp), dirigida pelo professor Luiz Artur Ledur Brito; Escola de Pós-Graduação em Economia (EPGE), dirigida pelo professor Rubens Penha Cysne; Centro de Pesquisa e Documentação de História Contemporânea do Brasil (Cpdoc), dirigido pelo professor Celso Castro; Escola de Direito de São Paulo (Direito GV), dirigida pelo professor Oscar Vilhena Vieira; Escola de Direito do Rio de Janeiro (Direito Rio), dirigida pelo professor Sérgio Guerra; Escola de Economia de São Paulo (Eesp), dirigida pelo professor Yoshiaki Nakano; Instituto Brasileiro de Economia (Ibre), dirigido pelo professor Luiz Guilherme Schymura de Oliveira; e Escola de Matemática Aplicada (Emap), dirigida pela professora Maria Izabel Tavares Gramacho. São diversas unidades com a marca FGV, trabalhando com a mesma filosofia: gerar e disseminar o conhecimento pelo país.

Dentro de suas áreas específicas de conhecimento, cada escola é responsável pela criação e elaboração dos cursos oferecidos pelo Instituto de Desenvolvimento Educacional (IDE), criado em 2003, com o objetivo de coordenar e gerenciar uma rede de distribuição única para os produtos e serviços educacionais produzidos pela FGV, por meio de suas escolas. Dirigido pelo professor Rubens Mario Alberto Wachholz, o IDE conta com a Direção de Gestão Acadêmica (DGA) pelo professor Gerson Lachtermacher, com a Direção da Rede Management pelo professor Silvio Roberto Badenes de Gouvea, com a Direção dos Cursos Corporativos pelo professor Luiz Ernesto Migliora, com a Direção dos Núcleos MGM Brasília, Rio de Janeiro e São Paulo pelo professor Paulo Mattos de Lemos, com a Direção das Soluções Educacionais pela professora Mary Kimiko Guimarães Murashima. O IDE engloba o programa FGV Management e sua rede conveniada, distribuída em todo o país e, por meio de seus programas, desenvolve soluções em educação presencial e a distância e em treinamento corporativo customizado, prestando apoio efetivo à rede FGV, de acordo com os padrões de excelência da instituição.

Este livro representa mais um esforço da FGV em socializar seu aprendizado e suas conquistas. Ele é escrito por professores do FGV Management, profissionais de reconhecida competência acadêmica e prática, o que torna possível atender às demandas do mercado, tendo como suporte sólida fundamentação teórica.

A FGV espera, com mais essa iniciativa, oferecer a estudantes, gestores, técnicos e a todos aqueles que têm internalizado o conceito de educação continuada, tão relevante na era do conhecimento na qual se vive, insumos que, agregados às suas práticas, possam contribuir para sua especialização, atualização e aperfeiçoamento.

Rubens Mario Alberto Wachholz
Diretor do Instituto de Desenvolvimento Educacional

Sylvia Constant Vergara
Coordenadora das Publicações FGV Management

Introdução

O objetivo da contabilidade é prover informações, de forma ordenada, padronizada e periódica, para que administradores, investidores, bancos, governo e demais interessados possam tomar decisões de gestão, de investimento, de crédito, entre outras.

A análise econômico-financeira de uma empresa parte desses demonstrativos contábeis gerados pela contabilidade. A figura 1 mostra o fluxo dos documentos até chegar aos interessados. Os dados coletados na gerência financeira, referentes às entradas e saídas de recursos, seja por competência ou por caixa, são registrados, processados e compõem os demonstrativos contábeis, que vão ser analisados e formar os relatórios customizados para cada segmento.

Figura 1

Demonstrações contábeis e análise: a quem servem?

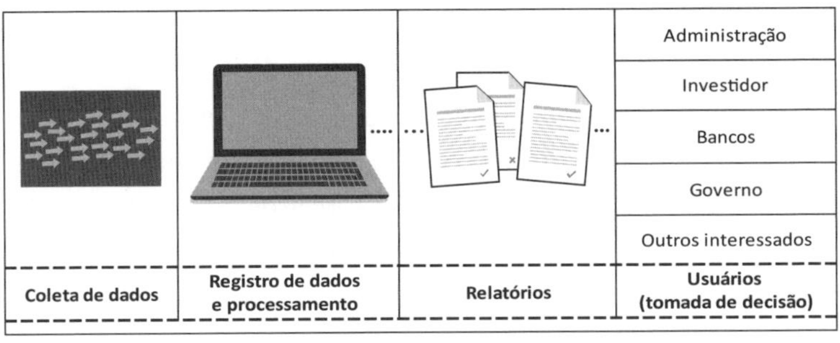

Este livro tem por objetivo interpretar e avaliar a saúde econômico-financeira das empresas, por meio de análises estática e dinâmica das demonstrações contábeis, com o objetivo de auxiliar os usuários, administradores, investidores, bancos, governo e outros interessados na tomada de decisões. São sete capítulos que vão ajudar você a analisar a situação econômica de qualquer empresa e preparar relatórios, com base nas respectivas demonstrações financeiras.

O capítulo 1 trata da interpretação das principais demonstrações contábeis e dos aspectos introdutórios da análise econômico-financeira. Em contabilidade, aprende-se como as demonstrações financeiras são feitas. Aqui o foco é como essas demonstrações financeiras são utilizadas pelos gestores para melhorar o desempenho da empresa; pelos investidores, quando eles estabelecem valores para as ações e títulos de dívida da empresa, e por outros interessados. Para iniciar a análise é necessário entender o setor de atuação, informações fundamentais do relatório de análise, além das análises vertical e horizontal.

O capítulo 2 trata dos indicadores de estrutura e liquidez, destacando-se os índices de endividamento, imobilização, liquidez e os índices de atividade.

No capítulo 3, você vai conhecer os indicadores de desempenho, os indicadores de rentabilidade e o valor econômico adicionado do ativo operacional e do ativo financeiro por meio do EVA e do MVA.

No capítulo 4, "Principais indicadores financeiros e o modelo Fleuriet", você vai se familiarizar com a importância da análise do fluxo de caixa da empresa, o conhecimento dos ciclos operacional e financeiro e, consequentemente, ser capaz de avaliar se a necessidade de capital de giro está sendo suprida adequadamente pelos recursos permanentes, próprios e de terceiros.

No capítulo 5 são disponibilizados três estudos de caso relativos à análise econômico-financeira para que você possa aplicar todo o conhecimento adquirido.

O capítulo 6, por fim, trata dos principais indicadores de mercado, utilizados pelos investidores com base na análise dos múltiplos, que são indicadores que combinam o valor de mercado da empresa com dados contábeis, tais como, patrimônio líquido, lucro líquido, EBIT, EBITDA, vendas líquidas e dividendos. Uma empresa pode ter excelentes indicadores econômico-financeiros, mas pode estar sendo negociada em bolsa de valores por um preço elevado, enquanto outra pode ter indicadores econômico-financeiros piores, mas ter sua cotação subavaliada na bolsa de valores. Enfim, não se deve olhar apenas para a rentabilidade e endividamento da empresa. O investidor em ações precisa estar atento não somente aos indicadores econômico-financeiros, mas também aos indicadores de mercado.

1
Passos iniciais da análise econômico-financeira da empresa

O principal objetivo da administração financeira empresarial é maximizar o valor da empresa no mercado que, por sua vez, é influenciado pelos dados contábeis. A análise das demonstrações financeiras permite:

- avaliar tendências nas operações ao longo do tempo;
- planejar os negócios e elaborar os orçamentos internos;
- comparar o desempenho da empresa com o de outras do mesmo segmento.

As demonstrações financeiras são utilizadas pelos gestores para melhorar o desempenho da empresa; pelos credores, para avaliar a probabilidade de receber seus empréstimos e estabelecer valores para seus títulos de dívida; e pelos acionistas, para projetar lucros, dividendos e os preços das ações.

Para começar você precisa relembrar os relatórios contábeis – quais e quando são exigidos.

No Brasil, destacam-se dois tipos de sociedades – limitadas (por cotas) e anônimas (por ações) –, também conhecidas como companhias, que podem ser divididas em capital aberto e capital fechado. A sociedade anônima de capital fechado (companhia fechada) é normalmente restrita a pequenos grupos e capta recursos entre os próprios acionistas, não recorrendo ao público em geral. A sociedade anônima de capital aberto (companhia aberta) tem sua captação de recursos realizada junto ao público, seja na forma de empréstimos (emissão de debêntures e notas promissórias, por exemplo) ou de emissão de ações negociadas em bolsa de valores ou em mercado de balcão organizado.

A lista de relatórios contábeis obrigatórios e não obrigatórios, de acordo com a atual Lei das Sociedades por Ações, está sintetizada no quadro 1 e suas siglas estão aqui relacionadas:

- BP – balanço patrimonial;
- DRE – demonstração de resultados do exercício;
- DMPL – demonstração das mutações do patrimônio líquido;
- DFC – demonstração de fluxos de caixa;
- DVA – demonstração do valor adicionado;
- DLPAc – demonstração dos lucros ou prejuízos acumulados;
- DOAR – demonstração de origem e aplicação de recursos;
- DRA – demonstração do resultado abrangente.

Interpretação das demonstrações contábeis

Balanço patrimonial (BP)

O balanço patrimonial é a demonstração resumida da posição financeira da empresa em determinada data. A demonstração confronta os ativos da empresa (o que ela possui) com suas fontes de financiamento, que podem ser dívidas (obrigações) ou patrimônio (recursos dos proprietários).

Conforme o quadro 2, no lado esquerdo temos o *ativo* e do lado direito o *passivo* e o *patrimônio líquido*, bem como o que representa cada grupo de conta.

Quadro 1

Relatórios contábeis

<table>
<tr><td rowspan="6">Relatórios contábeis</td><td rowspan="4">Obrigatórios (pela Lei das Sociedades por Ações)</td><td rowspan="2">Sociedade anônima (publica nos jornais)</td><td>Capital aberto</td><td>BP
DRE
DMPL
DFC
DVA</td></tr>
<tr><td>Capital fechado</td><td>BP
DRE
DLPAc
DFC*</td></tr>
<tr><td rowspan="2">Limitada (não publica nos jornais)</td><td>Grande porte</td><td>BP
DRE
DLPAc
DFC</td></tr>
<tr><td>Médias, pequenas e micro</td><td>BP
DRE
DLPAc</td></tr>
<tr><td rowspan="2">Não obrigatórios</td><td>Relata o passado</td><td colspan="2">DOAR
DRA
BP</td></tr>
<tr><td>Relata o futuro</td><td colspan="2">Orçamento</td></tr>
</table>

Fonte: adaptado de Marion (2015)
*Obrigada a publicar no jornais quando o patrimônio líquido for superior a R$ 2MM.

A contabilidade de algumas operações tem evoluido no decorrer dos anos, permitindo que a análise das contas do balanço represente a realidade praticada no ambiente de negócios.

Leasing *financeiro*

Até 2007 era tratado como despesa, uma vez que *leasing* se refere a aluguel. A partir de então essa modalidade de operação passou a ser contabilizada no ativo como imobilizado, mantendo-se como aluguel (despesa) apenas para fins fiscais.

Quadro 2

Ativo, passivo e patrimônio líquido

Ativo	Passivo e patrimônio líquido
Circulante São contas que estão sempre em movimento – giro –, sendo que a conversão em dinheiro será, no máximo, no próximo exercício social **Não circulante** **- Realizável a longo prazo** São bens e direitos que se transformarão em dinheiro após um ano do levantamento do balanço **- Investimentos** São as inversões financeiras de caráter permanente que geram rendimentos e não são necessárias à manutenção da atividade fundamental da empresa **- Imobilizado** São itens corpóreos de natureza permanente que serão utilizados para a manutenção da atividade básica da empresa **- Intangível** São itens não corpóreos destinados à manutenção da atividade básica da empresa	**Circulante** São obrigações que serão liquidadas no próximo exercício social **Não circulante** **- Exigível a longo prazo** São as obrigações exigíveis que serão liquidadas com prazo superior a um ano – dívidas de longo prazo **Patrimônio líquido** São os recursos dos proprietários aplicados na empresa; os recursos representam o capital mais seu rendimento – reservas de lucros

Securitização de recebíveis

Algumas grandes empresas costumam fazer securitização de recebíveis, forma pela qual transferem a propriedade e o risco de títulos recebíveis para os investidores, pagando por isso uma taxa de juros de desconto. Essa operação pode proporcionar um custo financeiro mais baixo (desconto concedido) em comparação com a taxa das operações bancárias.

A empresa, titular dos créditos, transforma seus ativos recebíveis em títulos negociáveis (*securities*), denominados certificados de recebíveis, e os vende a investidores de mercado. A formalização da operação é realizada por meio de uma securitizadora – empresa de propósito específico (SPE) – que recebe da empresa a posse dos títulos e emite os certificados. Os investidores passam a ser beneficiários dos fluxos financeiros desses recebíveis.

Com isso, as empresas antecipam o recebimento do contas a receber e, consequentemente, têm seu risco de crédito reduzido, visto que é transferido para investidores.

Ativos que podem ser securitizados: valores a receber de vendas a prazo, créditos de empréstimos e financiamentos (instituições financeiras), contas a receber de forma geral (aluguéis, prestações de serviços etc.), créditos a receber de cartões de crédito, fluxo de recebimentos em moeda estrangeira derivado de vendas internacionais, entre outros.

Marca de produtos

A marca de produtos, ainda que intangível, é propriedade da empresa, proporciona-lhe benefícios presentes e futuros e, muitíssimas vezes, não é evidenciada no ativo em razão da dificuldade de ser mensurada monetariamente. O valor da marca ganhou relevância com as operações de fusões e aquisições a partir dos anos 1980/90 nos EUA e na Europa. O quadro 3 evidencia a relação das 10 empresas, em nível global, com o maior valor de marca. O intangível, destacado no ativo não circulante, contempla apenas intangíveis adquiridos pela empresa. Normalmente, a maior parte do intangível (como a marca, carteira de clientes, sistemas desenvolvidos internamente, capital humano) não está contabilizada, mas pode ser estimada a partir da utilização de modelos de projeção financeira e *valuation*.

Quadro 3

Valor da marca em US$ bilhões (base 2016)

Posição em 2016	Marca	Categoria	Valor da marca	Variação do valor da marca 2016/2015	Posição em 2015
1	Google	Tecnologia	229	32%	2
2	Apple	Tecnologia	228	-8%	1
3	Microsoft	Tecnologia	122	5%	3
4	AT&T	Telecomunicação	107	20%	6
5	Facebook	Tecnologia	103	44%	12
6	Visa	Pagamentos	101	10%	5
7	Amazon	Varejo	99	59%	14
8	Verizon	Telecomunicação	93	8%	7
9	McDonald's	Alimento	89	9%	9
10	IBM	Tecnologia	86	-8%	4

Fonte: *ranking* BrandZ: 100 marcas mais valiosas do mundo.

O valor excedente ao valor dos bens ou fluxo de caixa da empresa (ágio) é conhecido como *goodwill* (fundo de comércio) ou capital intelectual.

Gastos e ajustes de avaliação na emissão de ações e opções

O patrimônio líquido considera os seguintes aspectos:

Capital social
(–) Gastos com emissão de ações
Opções outorgadas reconhecidas
Reserva de lucros
(–) Ações em tesouraria
Ajustes de avaliação patrimonial
Ajustes acumulados de conversão
Prejuízos acumulados

Vejamos como exemplo o balanço das Lojas Renner, uma empresa de capital aberto que atua no comércio de varejo. A tabela 1 apresenta os ativos circulante e não circulante em 2016, comparativamente a 2015 e 2014.

Tabela 1

Balanço – Lojas Renner (2016); ativo

	31/12/2016	31/12/2015	31/12/2014
Ativo total	**6.475,2 M**	**5.863,7 M**	**5.321,5 M**
Ativo circulante	**4.085,5 M**	**3.721,2 M**	**3.499,3 M**
Caixa e equivalentes de caixa	894,9 M	737,5 M	834,3 M
Contas a receber	2.266,3 M	2.268,2 M	1.981,2 M
Estoques	782,3 M	622,5 M	612,3 M
Tributos a recuperar	135,8 M	87,6 M	68,1 M
Despesas antecipadas	6,2 M	5,3 M	3,4 M
Ativo não circulante	**2.389,7 M**	**2.142,5 M**	**1.822,2 M**
Ativo realizável a longo prazo	**244,4 M**	**176,4 M**	**150,0 M**
Contas a receber	10,7 M	8,6 M	7,5 M
Tributos diferidos	156,6 M	97,9 M	95,7 M
Outros ativos não circulantes	77,1 M	69,9 M	46,8 M
Investimentos	**0,0 M**	**0,1 M**	**0,1 M**
Imobilizado	**1.645,1 M**	**1.545,7 M**	**1.304,1 M**
Imobilizado em operação	1.540,9 M	1.312,2 M	1.124,4 M
Imobilizado arrendado	28,2 M	28,9 M	29,5 M
Imobilizado em andamento	75,9 M	204,6 M	150,2 M
Intangível	**500,2 M**	**420,3 M**	**368,1 M**
Intangíveis	383,6 M	303,6 M	251,4 M
Goodwill	116,7 M	116,7 M	116,7 M

Fonte: <www.econoinfo.com.br/financas-e-mercados/demonstracoes?codigoCVM=8133#>. Acesso em: 3 abr. 2017.

A tabela 2, por sua vez, retrata o passivo e o patrimônio líquido da mesma empresa. Usaremos esses dados reais para exemplificar como se analisa uma empresa.

Tabela 2

Balanço – Lojas Renner (2016); passivo e patrimônio líquido

	31/12/2016	31/12/2015	31/12/2014
Passivo e patrimônio líquido	**6.475,2 M**	**5.863,7 M**	**5.321,5 M**
Passivo circulante	**2.917,8 M**	**2.319,1 M**	**2.037,4 M**
Obrigações sociais e trabalhistas	179,5 M	174,7 M	142,0 M
Fornecedores nacionais	679,7 M	553,5 M	561,5 M
Obrigações fiscais	404,8 M	343,0 M	320,6 M
Empréstimos e financiamentos	996,2 M	706,6 M	559,5 M
Em moeda nacional	421,1 M	421,4 M	340,1 M
Em moeda estrangeira	189,7 M	20,2 M	34,7 M
Debêntures	382,9 M	256,7 M	180,5 M
Financiamento por arrendamento financeiro	2,5 M	8,3 M	4,1 M
Outras obrigações	624,0 M	511,5 M	429,8 M
Dividendos e JCP a pagar	149,8 M	98,1 M	63,1 M
Aluguéis a pagar	55,6 M	51,2 M	41,3 M
Outras obrigações	62,3 M	68,8 M	67,2 M
Participações estatutárias	6,9 M	9,9 M	11,7 M
Obrigações com administradora de cartões	291,9 M	241,1 M	197,0 M
Instrumentos financeiros derivativos	57,5 M	2,6 M	-
Provisões cíveis e riscos trabalhistas	33,7 M	29,9 M	24,0 M
Passivo não circulante	**920,7 M**	**1.233,7 M**	**1.428,9 M**
Empréstimos e financiamentos	879,7 M	1.196,4 M	1.395,5 M
Empréstimos e financiamentos – nacional	464,0 M	468,2 M	457,8 M
Debêntures	346,2 M	687,1 M	887,8 M
Financiamento por arrendamento financeiro	69,5 M	41,1 M	49,9 M
Outras obrigações	3,6 M	2,4 M	7,2 M
Provisões fiscais	37,4 M	34,8 M	26,3 M
Patrimônio líquido consolidado	**2.636,8 M**	**2.310,9 M**	**1.855,3 M**
Capital social realizado	1.178,4 M	1.136,1 M	750,9 M
Reservas de capital	279,3 M	266,3 M	245,9 M
Reservas de lucros	1.217,0 M	844,3 M	839,3 M
Reserva legal	123,7 M	92,5 M	63,5 M
Dividendo adicional proposto	76,8 M	79,1 M	67,1 M
Reserva para investimento e expansão	1.016,5 M	672,7 M	708,6 M
Ajustes de avaliação patrimonial	-37,7 M	64,2 M	19,3 M
Ajustes acumulados de conversão	-0,1 M	0,0 M	0,0 M

Fonte: <www.econoinfo.com.br/financas-e-mercados/demonstracoes?codigoCVM=8133#>. Acesso em: 3 abr. 2017.

Demonstração de resultado do exercício (DRE)

A demonstração do resultado do exercício fornece um resumo financeiro dos resultados das operações da empresa durante um período específico. Normalmente, essa demonstração cobre o período de um ano encerrado em uma data específica, em geral 31 de dezembro de cada ano. É comum o preparo de demonstrações mensais para uso da administração e demonstrações trimestrais a serem colocadas à disposição dos acionistas das empresas de capital aberto.

Na tabela 3 você tem a transcrição da demonstração de resultado do exercício (DRE) das Lojas Renner de 2016, comparativamente aos dois anos anteriores, 2015 e 2014.

Tabela 3

Demonstração de resultado do exercício – Lojas Renner (2016)

Demonstração do resultado	31/12/2016	31/12/2015	31/12/2014
Receita de venda de bens e/ou serviços	**6.451,6 M**	**6.145,2 M**	**5.216,8 M**
Receita líquida com venda de mercadorias	5.721,8 M	5.450,9 M	4.642,6 M
Receita líquida dos produtos e serviços financeiros	729,8 M	694,3 M	574,2 M
Custo dos bens e/ou serviços vendidos	**-2.575,1 M**	**-2.511,4 M**	**-2.165,9 M**
Custo das vendas de mercadorias	-2.536,6 M	-2.466,2 M	-2.143,1 M
Custo dos produtos e serviços financeiros	-38,5 M	-45,2 M	-22,8 M
Resultado bruto	**3.876,5 M**	**3.633,8 M**	**3.050,9 M**
Despesas/receitas operacionais	**-2.900,8 M**	**-2.700,6 M**	**-2.248,9 M**
Despesas com vendas	-1.547,5 M	-1.389,7 M	-1.171,8 M
Despesas gerais e administrativas	-521,1 M	-469,4 M	-398,0 M
Perdas pela não recuperabilidade de ativos	-262,2 M	-281,1 M	-188,5 M
Outras receitas operacionais	71,5 M	48,7 M	15,0 M
Outras despesas operacionais	-641,4 M	-609,1 M	-505,7 M
Resultado antes do res. fin. e dos tributos	**975,7 M**	**933,3 M**	**802,0 M**

▼

▼

Demonstração do resultado	31/12/2016	31/12/2015	31/12/2014
Resultado financeiro	**-103,3 M**	**-104,6 M**	**-93,9 M**
Receitas financeiras	87,5 M	93,9 M	93,1 M
Despesas financeiras	-190,8 M	-198,4 M	-187,0 M
Resultado antes dos tributos sobre o lucro	**872,4 M**	**828,7 M**	**708,2 M**
Imposto de renda e contribuição social s/lucro	-247,3 M	-249,8 M	-236,8 M
Lucro/prejuízo consolidado do período	**625,1 M**	**578,8 M**	**471,4 M**
Lucro básico por ação ON	**0,9742**	**0,9066**	**3,7327**

Fonte:<www.econoinfo.com.br/financas-e-mercados/demonstracoes?codigoCVM=8133#>. Acesso em: 3 abr. 2017.

Demonstração dos fluxos de caixa (DFC)

A demonstração dos fluxos de caixa fornece uma síntese dos fluxos de caixa da empresa relativos às atividades operacionais, de investimento e de financiamento e reconcilia-se com as variações em seu caixa e títulos negociáveis durante o período em questão.

Veja na tabela 4 o resumo da demonstração de fluxo de caixa das Lojas Renner de 2016 comparativamente a 2015 e 2014.

Tabela 4
Demonstração de fluxo de caixa – Lojas Renner (2016)

Demonstração do fluxo de caixa: método indireto	31/12/2016	31/12/2015	31/12/2014
Caixa líquido atividades operacionais	914,2 M	772,0 M	591,1 M
Caixa líquido atividades de investimento	-476,9 M	-571,0 M	-477,2 M
Caixa líquido atividades de financiamento	-279,3 M	-298,1 M	-81,1 M
Variação cambial s/caixa e equivalentes	-0,6 M	0,3 M	0,0 M
Aumento (redução) de caixa e equivalentes	157,4 M	-96,8 M	32,7 M

Fonte:<www.econoinfo.com.br/financas-e-mercados/demonstracoes?codigoCVM=8133#>. Acesso em: 3 abr. 2017.

Na tabela 5, por sua vez, pode-se observar o mesmo demonstrativo detalhado.

Tabela 5
Demonstração completa do fluxo de caixa – Lojas Renner

Demonstração do fluxo de caixa: método indireto	31/12/2016	31/12/2015	31/12/2014
Caixa líquido atividades operacionais	**914,2 M**	**772,0 M**	**591,1 M**
Caixa gerado nas operações	**1.389,9 M**	**1.354,3 M**	**1.118,0 M**
Lucro líquido do período	625,1 M	578,8 M	471,4 M
Depreciações e amortizações	311,3 M	264,8 M	212,7 M
Resultado de venda ou baixa de ativos imobilizados	21,7 M	12,3 M	2,4 M
Mais-valia estoque baixada no exercício	0,0 M	0,0 M	0,0 M
Despesa com juros de emprést. e financ.	150,9 M	155,7 M	131,5 M
Plano de opção de compra de ações	27,3 M	26,4 M	25,0 M
Resultado de equivalência patrimonial	0,0 M	0,0 M	0,0 M
Provisão p/riscos trib., cíveis e trabalhistas	6,3 M	14,5 M	0,5 M
Tributos diferidos	247,3 M	249,8 M	236,8 M
Perda (ganho) com derivativo	12,8 M	1,9 M	-3,7 M
Variação cambial	0,1 M	-3,8 M	-1,9 M
Provisão para ajuste ao valor líquido realizável	8,9 M	0,4 M	12,2 M
Provisões para perdas em ativos	-22,5 M	52,4 M	30,1 M
Custo de estruturação de debêntures	0,8 M	1,0 M	1,0 M
Variações nos ativos e passivos	**-132,4 M**	**-197,4 M**	**-188,9 M**
Contas a receber de clientes	-80,5 M	-244,9 M	-359,6 M
Estoques	-156,7 M	-29,4 M	-124,3 M
Perdas/ganhos não realizadas com derivativos	0,0 M	0,0 M	21,9 M
Outros ativos circulantes	-72,9 M	-51,4 M	-29,4 M
Depósitos judiciais	0,4 M	-4,0 M	0,1 M
Financiamento – operações serviços financeiros	-0,8 M	46,1 M	143,3 M
Financiamentos das importações	0,0 M	-8,4 M	-68,3 M
Fornecedores	126,8 M	-6,0 M	92,2 M
Salários e férias a pagar	3,4 M	32,7 M	37,5 M
Impostos e contribuições a recolher	1,1 M	16,2 M	36,1 M

▼

▼

Demonstração do fluxo de caixa: método indireto	31/12/2016	31/12/2015	31/12/2014
Outras obrigações	-5,3 M	-0,5 M	-33,8 M
Aluguéis a pagar	4,5 M	9,9 M	6,6 M
Obrigações estatutárias	-3,1 M	-1,7 M	6,0 M
Obrigações com administradora de cartões	50,8 M	44,1 M	82,7 M
Outros	**-343,3 M**	**-384,9 M**	**-337,9 M**
Pagamento de imposto de renda e contrib. social	-193,1 M	-284,4 M	-232,6 M
Pagamento de juros sobre emprést. e financ.	-150,2 M	-100,5 M	-105,3 M
Caixa líquido atividades de investimento	**-476,9 M**	**-571,0 M**	**-477,2 M**
Aquisições do imobilizado	-340,5 M	-443,8 M	-396,0 M
Aquisições do intangível	-136,7 M	-127,5 M	-81,6 M
Aquisição em participação societária	0,0 M	0,0 M	0,0 M
Caixa recebido na aquisição de controlada	0,0 M	0,0 M	0,0 M
Recebimento por venda de ativos fixos	0,3 M	0,4 M	0,3 M
Caixa líquido atividades de financiamento	**-279,3 M**	**-298,1 M**	**-81,1 M**
Empréstimos tomados	216,0 M	85,5 M	75,1 M
Aumento de capital social	42,2 M	31,0 M	31,1 M
Pagamento de empréstimos	-263,0 M	-218,8 M	-17,9 M
Contraprestação de arrend. mercantil financeiro	-21,1 M	-10,8 M	-14,4 M
Juros sobre capital próprio e dividendos pagos	-240,4 M	-179,0 M	-155,1 M
Recompra de ações	-13,0 M	-6,0 M	–
Variação cambial s/caixa e equivalentes	**-0,6 M**	**0,3 M**	**0,0 M**
Aumento (redução) de caixa e equivalentes	**157,4 M**	**-96,8 M**	**32,7 M**

Fonte:<www.econoinfo.com.br/financas-e-mercados/demonstracoes?codigoCVM=8133#>. Acesso em: 3 abr. 2017.

Demonstração das mutações do patrimônio líquido (DMPL)

A DMPL é uma demonstração mais completa e abrangente, já que evidencia a movimentação de todas as contas do patrimônio líquido durante o exercício social, inclusive a formação e utilização das reservas não derivadas do lucro, e está exemplificada na tabela 6.

Entre os itens que afetam o patrimônio total, destacam-se:

- acréscimo pelo lucro ou redução pelo prejuízo líquido do exercício;
- redução por dividendos;
- acréscimo por reavaliação de ativos (quando o resultado for credor);
- acréscimo por doações e subvenções para investimentos recebidas;
- acréscimo por subscrição e integralização de capital;
- acréscimo pelo recebimento de valor que exceda o valor nominal das ações integralizadas ou o preço de emissão das ações sem valor nominal;
- acréscimo pelo valor da alienação de partes beneficiárias e bônus de subscrição;
- acréscimo por prêmio recebido na emissão de debêntures;
- redução por ações próprias adquiridas ou acréscimo por sua venda;
- acréscimo ou redução por ajuste de exercícios anteriores.

Dos itens que não afetam o total do patrimônio, podemos citar:

- aumento de capital com utilização de lucros e reservas;
- apropriações do lucro líquido do exercício reduzindo a conta lucros acumulados para formação de reservas, como reserva legal, reserva de lucros a realizar, reserva para contingência e outras;
- reversões de reservas patrimoniais para a conta de lucros ou prejuízos acumulados;
- compensação de prejuízos com reservas.

Tabela 6
Demonstração das mutações do patrimônio líquido – Lojas Renner (2016)

Descrição	Capital social integralizado	Reservas de capital, opções outorgadas e ações em tesouraria	Reservas de lucro	Lucros ou prejuízos acumulados	Outros resultados abrangentes	Patrimônio líquido	Patrimônio líquido consolidado
Saldos iniciais	**1.136.124**	**266.275**	**844.271**	**0**	**64.226**	**2.310.896**	**2.310.896**
Transações de capital c/ os sócios	**42.244**	**12.993**	**372.714**	**-625.058**	**0**	**-197.107**	**-197.107**
Aumentos de capital	42.244	0	0	0	0	42.244	42.244
Opções outorgadas reconhecidas	0	24.044	0	0	0	24.044	24.044
Ações em tesouraria adquiridas	0	-13.005	0	0	0	-13.005	-13.005
Dividendos	0	0	76.816	-76.816	0	0	0
Juros sobre capital próprio	0	0	0	-173.356	0	-173.356	-173.356
Dividendo prescrito	0	0	0	149	0	149	149
Delib. dividendo adic. proposto	0	0	-79.137	0	0	-79.137	-79.137
Reserva legal	0	0	31.253	-31.253	0	0	0
Reserva para investimento e expansão	0	0	343.782	-343.782	0	0	0
Ações restritas outorgadas reconhecidas	0	1.954	0	0	0	1.954	1.954
Resultado abrangente total	**0**	**0**	**0**	**625.058**	**-102.051**	**523.007**	**523.007**
Lucro líquido do período	0	0	0	625.058	0	625.058	625.058
Outros resultados abrangentes	0	0	0	0	-102.051	-102.051	-102.051
Saldos finais	**1.178.368**	**279.268**	**1.216.985**	**0**	**-37.825**	**2.636.796**	**2.636.796**

Fonte: <www.rad.cvm.gov.br/ENETCONSULTA/frmGerenciaPaginaFRE.aspx?NumeroSequencialDocumento=62430&CodigoTipoInstituicao=2>. Acesso em: 3 abr. 2017.

Demonstrações do valor adicionado (DVA)

A demonstração do valor adicionado (DVA) representa um dos elementos componentes do balanço social e tem por finalidade evidenciar a riqueza criada pela empresa e sua distribuição durante determinado período.

Tabela 7
Demonstração do valor adicionado – Lojas Renner (2016)

Demonstração do valor adicionado	31/12/2016	31/12/2015	31/12/2014
Receitas	**8.246,7 M**	**7.843,9 M**	**6.681,7 M**
Vendas de mercadorias, produtos e serviços	8.450,1 M	8.073,4 M	6.846,4 M
Outras receitas	-203,4 M	-229,5 M	-164,7 M
Outros resultados operacionais	80,2 M	64,4 M	25,5 M
Perdas em crédito, líquidas	-262,2 M	-281,1 M	-188,5 M
Resultado da baixa de ativos fixos	-21,4 M	-12,8 M	-1,7 M
Insumos adquiridos de terceiros	**-4.071,0 M**	**-3.906,2 M**	**-3.277,2 M**
Custos prods., mercs. e servs. vendidos	-2.957,7 M	-2.794,6 M	-2.345,6 M
Materiais, energia, servs. de terceiros e outros	-1.049,8 M	-1.043,8 M	-874,5 M
Perda/recuperação de valores ativos	-63,4 M	-67,9 M	-57,2 M
Valor adicionado bruto	**4.175,8 M**	**3.937,7 M**	**3.404,5 M**
Retenções	-311,3 M	-264,8 M	-212,7 M
Depreciação, amortização e exaustão	-311,3 M	-264,8 M	-212,7 M
Outras	0,0 M	0,0 M	0,0 M
Valor adicionado líquido produzido	**3.864,5 M**	**3.672,9 M**	**3.191,8 M**
Receitas financeiras	87,5 M	93,9 M	93,1 M
Valor adicionado total a distribuir	**3.952,0 M**	**3.766,8 M**	**3.284,9 M**
Distribuição do valor adicionado	**3.952,0 M**	**3.766,8 M**	**3.284,9 M**
Pessoal	**853,3 M**	**804,3 M**	**693,1 M**
Remuneração direta	641,6 M	612,6 M	523,6 M
Benefícios	121,8 M	106,1 M	90,6 M
FGTS	52,8 M	49,2 M	42,1 M
Outros	37,1 M	36,4 M	36,8 M
Plano de opção de compra de ações	27,3 M	26,4 M	25,0 M
Remuneração dos administradores	9,8 M	10,0 M	11,9 M
Impostos, taxas e contribuições	**1.902,6 M**	**1.851,1 M**	**1.659,6 M**
Federais	788,0 M	763,7 M	744,4 M
Estaduais	1.073,1 M	1.050,7 M	883,1 M
Municipais	41,5 M	36,6 M	32,2 M
Remuneração de capitais de terceiros	**571,0 M**	**532,6 M**	**460,7 M**
Aluguéis	380,2 M	334,1 M	273,7 M
Outras	190,8 M	198,4 M	187,0 M
Despesas financeiras	190,8 M	198,4 M	187,0 M
Remuneração de capitais próprios	**625,1 M**	**578,8 M**	**471,4 M**
Juros sobre o capital próprio	173,4 M	113,0 M	72,1 M
Dividendos	76,7 M	118,6 M	116,5 M
Lucros retidos /prejuízo do período	375,0 M	347,3 M	282,9 M

Fonte:<www.econoinfo.com.br/financas-e-mercados/demonstracoes?codigoCVM=8133#>. Acesso em: 3 abr. 2017.

Demonstração do resultado abrangente (DRA)

A demonstração do resultado abrangente, mesmo não sendo prevista na Lei das Sociedades Anônimas, é obrigatória por força da Resolução CFC nº 1.185/2009 e do CPC nº 26.

A DRA, que deve ser entregue em paralelo com a DRE, deve iniciar com a última linha da demonstração do resultado e, em seguida, devem constar todos os itens de outros resultados abrangentes, destacando-se:

1) efeitos de correção de erros e mudanças de políticas contábeis são apresentados como ajustes retrospectivos de períodos anteriores em vez de como parte do resultado do período em que sugiram;
2) três tipos de outros resultados abrangentes são reconhecidos como parte do resultado abrangente, fora da demonstração do resultado, quando ocorrem:
   a) alguns ganhos e perdas provenientes da conversão de demonstrações contábeis de operação no exterior;
   b) alguns ganhos e perdas atuariais (benefícios a empregados).

Veja o exemplo das Lojas Renner na tabela 8, na próxima página.

A DRA pode ser apresentada em quadro demonstrativo próprio ou dentro das mutações do patrimônio líquido.

Demonstração dos lucros ou prejuízos acumulados (DLPAc)

Essa demonstração tem por objetivo evidenciar a destinação do lucro líquido apurado na DRE. A conta (lucros acumulados) representa a interligação entre o balanço patrimonial (BP) e a demonstração do resultado do exercício (DRE). Acompanhe, na tabela 9, o exemplo das Lojas Renner.

Tabela 8

Demonstração do resultado abrangente – Lojas Renner (2015)

Demonstração do resultado abrangente (DRA)	2015	2014	2013
Lucro líquido consolidado do período	578.838	471.420	407.404
Outros resultados abrangentes	44.928	14.481	5.558
Hedge fluxo de caixa	67.679	21.941	8.421
Parcela de outros resultados abrangentes de controladas			
Impostos relacionados aos componentes dos resultados abrangentes	-23.011	-7.460	-2.863
Ajustes cumulativos de conversão de moeda estrangeira	260	0	0
Resultado abrangente consolidado do período	623.766	485.901	412.962
Atribuído a sócios da empresa controladora	623.766	485.901	412.962
Atribuído a sócios não controladores			

Fonte: <www.econoinfo.com.br/financas-e-mercados/demonstracoes?codigoCVM=8133#>. Acesso em: 3 abr. 2017.

Tabela 9

Demonstração dos lucros ou prejuízos acumulados – Lojas Renner (2016)

Descrição	Lucros ou prejuízos acumulados
Saldo inicial – 31/12/2015	0
Lucro líquido do período	625.058
Dividendos	-76.816
Juros sobre capital próprio	-173.356
Dividendo prescrito	149
Reserva para investimento e expansão	-343.782
Reserva legal	-31.253
Saldo final – 31/12/2016	0

Quando se tratar de sociedades anônimas ou sociedades limitadas de grande porte, o saldo da conta lucros acumulados deverá ser zero e a DLPAc deverá ser substituída pela demonstração das mutações do patrimônio líquido, conforme exemplo acima das Lojas Renner.

Notas explicativas

As notas explicativas fazem parte dos documentos complementares que acompanham um balanço, como relatório de administração e o parecer da auditoria independente. Inclui quadros analíticos ou outras informações contábeis necessárias para o esclarecimento da situação patrimonial e dos resultados do exercício.

De acordo com a legislação atual (Lei nº 6.404/1976, art. 176, § 5º), pelo menos as seguintes notas devem ser publicadas:

- todas as informações adicionais não destacadas nas demonstrações contábeis publicadas e entendidas como importantes para uma avaliação melhor dos resultados;
- os principais critérios de avalição dos elementos patrimoniais, especialmente estoques, carteiras de recebíveis e aplicações financeiras, cálculos de depreciação, amortização e exaustão, constituição de provisões para riscos etc.;
- os investimentos em outras sociedades, quando relevantes;
- os ônus reais constituídos sobre elementos do ativo, as garantias prestadas a terceiros e outras responsabilidades eventuais e contingentes;
- as taxas de juros, datas de vencimentos e as garantias oferecidas nas obrigações de longo prazo;
- o número, espécie e as classes das ações que compõem o capital social da empresa;
- as opções de compra de ações outorgadas e efetuadas no exercício;
- os ajustes de exercícios anteriores;
- os eventos subsequentes à data de encerramento do exercício que tenham, ou possam vir a ter, efeito relevante sobre a situação financeira e os resultados futuros da companhia.

Neste capítulo você foi informado sobre como interpretar as diferentes demonstrações contábeis. Para tornar o conhecimento mais prático e próximo da realidade do mercado, escolhemos os dados reais de uma empresa de capital aberto, as Lojas Renner, rede de lojas de departamento, cujos demonstrativos aqui apresentados serão utilizados para as análises no decorrer do livro.

Objetivos da análise econômico-financeira

A partir dos demonstrativos contábeis, é necessário que se faça uma avaliação da evolução dos números no tempo e da relação entre eles em cada período, para que se possa conhecer a real situação econômico-financeira da empresa.

Entende-se como situação financeira a capacidade de pagamento das obrigações. Quando a geração de caixa operacional da empresa não é suficiente para fazer frente a seus compromissos com novas imobilizações, pagamento de juros e das parcelas da dívida que estão vencendo, ela começa a ter de buscar cada vez mais empréstimos de curto prazo, elevando seu risco. Se a dívida cresce demasiadamente, a empresa pode ficar sem recursos para pagar a seus credores, o que pode levá-la à falência ou a um pedido de recuperação judicial.

A situação econômica, por sua vez, está ligada ao patrimônio líquido da empresa e sua variação. O crescimento real (acima da inflação) do patrimônio líquido fortalece a situação econômica. Por outro lado, se o crescimento, ainda que contínuo, durante vários períodos, ocorrer em proporção menor que o capital de terceiros, a situação econômica da empresa tende a enfraquecer.

Podemos concluir que a análise econômica está ligada ao patrimônio e bens, e que a análise financeira está ligada à capacidade de pagamento de seus compromissos.

Você vai observar que a análise deve levar em conta as características do setor de atuação da empresa, as condições macro e microeconômicas, bem como a situação econômico-financeira de outras empresas do mesmo segmento.

Segundo Costa, Costa e Alvim (2011:13), "a análise econômico-financeira tem por objetivo extrair informações das demonstrações financeiras e dos demais relatórios dos últimos anos, a fim de interpretar, em termos quantitativos, o efeito das decisões (investimentos, operações e financiamentos) tomadas pela empresa". Essa análise visa atender investidores, credores, concorrentes, empregados, governo etc.

Não é possível tirar conclusões sobre a situação econômico-financeira de uma empresa com base em um ou outro indicador. É fundamental considerar as condições da economia em geral e do setor no qual a empresa atua. Assim, determinado indicador pode ser julgado positivo para certa empresa, em determinado momento, enquanto o mesmo valor pode ser julgado negativamente para outra empresa ou até para a mesma empresa, mas em outro momento.

Outra questão importante da análise diz respeito à evolução dos indicadores ao longo do tempo. Por exemplo, suponha uma empresa que apresente indicadores julgados apenas regulares quando comparados com outras empresas do seu setor em determinado momento. Se, no entanto, nos últimos trimestres, observamos melhorias significativas, tal evolução deve ser mencionada no parecer de análise.

Análise setorial e relatório da empresa

O relatório de análise deve partir de uma análise da conjuntura econômica nacional e internacional e seus impactos no setor (indústria) em que trabalha a empresa. Por exemplo, se nos últimos anos os resultados da empresa pioraram e seu endividamento aumentou, é importante saber se esse quadro é consequência de um cenário macroeconômico desfavorável (recessão e juros altos, por exemplo), se é fruto de problemas que estão afetando o setor (por exemplo, o setor como um todo está perdendo da concorrência externa) ou se está relacionado a questões internas da companhia.

A análise setorial envolve considerações sobre o mercado dos produtos ofertados e as potencialidades dos mesmos, além do grau de competição existente. Deve também ser analisada a posição da companhia perante as demais empresas do setor. A análise da indústria visa posicionar determinada empresa em relação ao seu setor de atuação. Algumas questões setoriais devem ser abordadas, por exemplo, o grau de competição dos produtores estrangeiros no mercado externo e interno, se existe necessidade de pesados investimentos para as empresas se manterem competitivas e se o setor está perdendo ou ganhando da competição externa.

Segundo Costa, Costa e Alvim (2011:13), a análise setorial deve também considerar as seguintes questões:

1) Natureza e perspectivas da demanda da indústria:
   a) Qual é a tendência da indústria? Está crescendo, encolhendo ou estável?
   b) O setor é cíclico ou estável?
   c) Onde se localizam seus principais mercados?
   d) Quais são as expectativas de curto e longo prazos da demanda?
   e) As vendas são sazonais?
2) Custo e lucratividade:
   a) Qual é a distribuição de custos do setor entre mão de obra, matérias-primas e gastos indiretos de fabricação?
   b) Qual é a capacidade instalada e seu nível de ocupação da capacidade?

   c) O setor requer investimentos significativos para manter a eficiência produtiva e competitividade?
   d) As compras de matérias-primas são sazonais?
3) Tecnologia:
   a) Qual é o grau de capacitação técnica do setor e da empresa?
   b) É relevante a tecnologia aplicada pela empresa aos produtos e serviços?

O relatório de análise, por sua vez, pode ser dividido nas seguintes etapas:

1) Dados básicos da empresa:
   a) Perfil dos principais negócios da empresa.
   b) Detalhamento do capital social.
   c) Empresa de auditoria.
   d) Localização da empresa.
   e) Participação em companhias controladas e coligadas.
   f) Histórico da empresa, abordando sua evolução operacional.
2) Aspectos operacionais:
   a) Descrição de produtos e serviços.
   b) Principais clientes.
   c) As vendas da companhia estão concentradas em poucos clientes?
   d) Principais concorrentes e parcela do mercado.
   e) As vendas são estáveis ou flutuam com a economia?
   f) Processo produtivo e localização industrial.
   g) Descrição e ciclo de vida do produto.
   h) Principais matérias-primas.
   i) Força de barganha dos fornecedores (existe dependência em relação a poucos fornecedores?).

   j) Histórico da capacidade instalada × capacidade utilizada.
   k) Investimentos para ampliação da capacidade.
   l) Investimentos para modernização do processo produtivo.
3) Análise econômico-financeira:
   a) Como têm evoluído os indicadores de rentabilidade nos últimos anos?
   b) Como tem evoluído o capital de giro? É suficiente para cobrir o investimento no giro?
   c) Qual é a taxa de crescimento das vendas nos últimos anos?
   d) Existe compatibilidade das fontes com as aplicações de recursos?
   e) Os estoques atuais estão adequados ao volume de produção e de comercialização?
   f) Qual o nível de inadimplência?
   g) Qual o perfil do endividamento da empresa (carência, taxas, vencimentos)?
   h) Quais os pontos fortes e fracos da empresa?
4) Outros pontos:
   a) A empresa tem isenções e benefícios fiscais?
   b) Quais são os passivos contingentes?
   c) Possui marcas e patentes?

Exemplo de análise setorial

As Lojas Renner, com sede em Porto Alegre, atuam no setor de comércio varejista. Desenvolvem e vendem roupas, calçados e moda íntima para mulheres, homens, adolescentes e crianças sob diversas marcas próprias de vestuário e afins. Também vendem acessórios e cosméticos por meio de duas marcas próprias e, em determinadas categorias, sob marcas de terceiros. As Lojas Renner oferecem intermediação de produtos financeiros, tais como vendas financiadas, empréstimos pessoais, títulos de capitalização e seguros por meio da rede de lojas. A operação de vendas *online* teve, em 2010, a introdução de um mix mais amplo, com a venda de artigos de vestuário, calçados e acessórios, além dos produtos já ofertados, como linhas de perfumaria, relógios e *lingerie*. Seu setor de atuação é o varejo, e o subsetor, varejo de bens de consumo semiduráveis.

O varejo é o último elo da cadeia produtiva e, dessa forma, é o setor mais afetado pelo crescimento econômico, nível de emprego e renda da população. Além disso, a oferta de crédito, as taxas de juros, os prazos de financiamento, distribuição da renda e nível de confiança do consumidor também afetam o desempenho das empresas desse setor.

Os bens de consumo se dividem em três classes: *bens duráveis* (veículos, móveis, eletrodomésticos, eletrônicos, informática, material de construção, joias, brinquedos etc.), *semiduráveis* (vestuário, calçados, bijuterias, papelaria etc.) e *não duráveis* (alimentos, bebidas, higiene e limpeza). As empresas de varejo contemplam supermercados (como Pão de Açúcar), lojas de departamento com sortimento diversificado (como Lojas Americanas), lojas de departamento especializadas em vestuário (como as Lojas Renner), drogarias (como Raia, Drogasil), entre outros.

Todo o setor de consumo é afetado pelo desempenho da economia. No entanto, alguns segmentos bem mais do que outros. Assim, poderíamos dividir o setor de consumo em duas classes: consumo cíclico e não cíclico.

- *Consumo cíclico*. Este grupo abrange as empresas mais sensíveis à variação do PIB e, por isso, as vendas de seus produtos apresentam variações expressivas. São empresas do ramo de veículos, móveis, eletrônicos, joias, brinquedos, vestuários, tecidos, utilidades domésticas, lazer e hotéis e restaurantes.

- *Consumo não cíclico.* Este grupo contém empresas menos afetadas pela variação do PIB, tais como as empresas de alimentos, bebidas, cosméticos e saúde. As vendas dessas empresas têm um padrão mais homogêneo.

O setor varejo, especificamente o de bens de consumo semiduráveis, apresenta como principais características:

- forte concorrência, o que ajuda a pressionar as margens;
- dependência do crédito e do patamar da taxa de juros;
- intensividade em mão de obra menos qualificada e alta rotatividade – no entanto, é crescente o investimento em tecnologias poupadoras de mão de obra e melhor qualificação dos empregados.

Análise vertical

A análise vertical facilita a avaliação da estrutura do ativo, passivo e patrimônio líquido, bem como da participação de cada item da demonstração de resultado na formação do lucro ou prejuízo. Tem por objetivo o estudo das tendências da empresa, por meio da sua estrutura financeira e econômica. Por exemplo:

- Do total do passivo e patrimônio líquido, quanto a empresa deve no curto e no longo prazo?
- Qual a porcentagem das vendas que representa o lucro líquido?

No caso do balanço patrimonial, o total do ativo e o total do passivo e patrimônio líquido representam 100%, e os demais itens, um percentual de participação relativa.

Veja na tabela 10 a análise vertical do ativo das Lojas Renner.

Tabela 10

Evolução da análise vertical do ativo das Lojas Renner

Balanço encerrado em	31/12/2014		31/12/2015		31/12/2016	
Ativo	**Valores**	**AV**	**Valores**	**AV**	**Valores**	**AV**
Ativo circulante	**3.499,3**	**66%**	**3.721,2**	**63%**	**4.085,5**	**63%**
Caixa e equivalentes de caixa	834,3	16%	737,5	13%	894,9	14%
Contas a receber	1.981,2	37%	2.268,2	39%	2.266,3	35%
Estoques	612,3	12%	622,5	11%	782,3	12%
Tributos a recuperar	68,1	1%	87,6	1%	135,8	2%
Despesas antecipadas	3,4	0%	5,3	0%	6,2	0%
Ativo não circulante	**1.822,2**	**34%**	**2.142,5**	**37%**	**2.389,7**	**37%**
Ativo realizável a longo prazo	**150,0**	**3%**	**176,4**	**3%**	**244,4**	**4%**
Investimentos	0,1	0%	0,1	0%	0,0	0%
Imobilizado	1.304,1	25%	1.545,7	26%	1.645,1	25%
Intangível	368,1	7%	420,3	7%	500,2	8%
Ativo total	**5.321,5**	**100%**	**5.863,7**	**100%**	**6.475,2**	**100%**

Na tabela 11 está demonstrada a análise vertical do passivo e patrimônio das Lojas Renner.

No caso da demonstração de resultado o cálculo de participação relativa dos itens, na análise vertical, é feito dividindo-se cada item pelo valor da receita líquida (100%), que é considerada como base, conforme pode ser observado na tabela 12.

Pela análise vertical, é possível verificar a estabilidade do resultado das Lojas Renner nos três últimos exercícios, sendo que em 2016, apesar de toda a crise no mercado de varejo no Brasil, conseguiram ampliar a margem líquida (lucro líquido/vendas líquidas) de 9%, em 2014 e 2015, para 10%.

Tabela 11

Evolução da análise vertical do passivo e patrimônio líquido das Lojas Renner

Balanço encerrado em	31/12/2014		31/12/2015		31/12/2016	
Passivo e patrimônio líquido	**Valores**	**AV**	**Valores**	**AV**	**Valores**	**AV**
Passivo circulante	**2.037,4**	**38%**	**2.319,1**	**40%**	**2.917,8**	**45%**
Obrigações sociais e trabalhistas	142,0	3%	174,7	3%	179,5	3%
Fornecedores nacionais	561,5	11%	553,5	9%	679,7	10%
Obrigações fiscais	320,6	6%	343	6%	404,8	6%
Empréstimos e financiamentos	559,5	11%	706,6	12%	996,2	15%
Outras obrigações	429,8	8%	511,5	9%	624,0	10%
Provisões cíveis e riscos	24,00	0%	29,9	1%	33,7	1%
Passivo não circulante	**1.428,9**	**27%**	**1.233,7**	**21%**	**920,7**	**14%**
Empréstimos e financiamentos	1.395,5	26%	1.196,4	20%	879,7	14%
Provisões fiscais e outras	33,4	1%	37,3	1%	41,0	1%
Patrimônio líquido consolidado	**1.855,3**	**35%**	**2.310,9**	**39%**	**2.636,8**	**41%**
Capital social realizado	750,9	14%	1.136,1	19%	1.178,4	18%
Reservas de capital	245,9	5%	266,3	5%	279,3	4%
Reservas de lucros	839,3	16%	844,3	14%	1.217,0	19%
Ajustes de avaliação patrimonial	19,3	0%	64,2	1%	-37,8	-1%
Passivo + patrimônio líquido	**5.321,5**	**100%**	**5.863,7**	**100%**	**6.475,2**	**100%**

Análise horizontal

A análise horizontal tem a finalidade de evidenciar a evolução dos itens das demonstrações contábeis por períodos. É uma análise temporal do crescimento da empresa, que permite avaliar evolução das vendas, custos e despesas; o aumento dos investimentos realizados nos diversos itens ativos; a evolução das dívidas etc. Podem ser calculados de duas formas:

- evidenciando-se os aumentos anuais;
- calculando-se os números índices estabelecendo o exercício mais antigo como índice-base 100 (nosso exemplo considerou os três últimos exercícios).

Tabela 12

Evolução da análise vertical das Lojas Renner

DRE encerrado em	31/12/2014		31/12/2015		31/12/2016	
	Valores	AV	Valores	AV	Valores	AV
Vendas líquidas	**5.216,8**	**100%**	**6.145,20**	**100%**	**6.451,6**	**100%**
CMV	2.165,9	42%	2.511,40	41%	2.575,1	40%
Lucro bruto	**3.050,9**	**58%**	**3.633,80**	**59%**	**3.876,5**	**60%**
Despesas/receitas operacionais	2.060,5	39%	2.419,50	39%	2.638,5	41%
Despesas com vendas	1.171,8	22%	1.389,70	23%	1.547,5	24%
Despesas gerais e administrativas	398,0	8%	469,4	8%	521,1	8%
Outras receitas operacionais	-15,0	0%	-48,7	-1%	-71,5	-1%
Outras despesas operacionais	505,7	10%	609,1	10%	641,4	10%
Lucro da atividade	**990,4**	**19%**	**1.214,40**	**20%**	**1.238,0**	**19%**
Perdas pela não recuperabilidade de ativos	188,5	4%	281,1	5%	262,2	4%
Lucro antes dos juros	**801,9**	**15%**	**933,30**	**15%**	**975,7**	**15%**
Receitas financeiras	-93,1	-2%	-93,9	-2%	-87,5	-1%
Despesas financeiras	187,0	4%	198,4	3%	190,8	3%
Lucro antes do imposto de renda	**708,2**	**14%**	**828,7**	**13%**	**872,4**	**14%**
Imposto de renda e contrib. social s/lucro	236,8	5%	249,8	4%	247,3	4%
Lucro líquido	**471,4**	**9%**	**578,8**	**9%**	**625,1**	**10%**
Lucro básico por ação ON	**3,7327**		**0,9066**		**0,9742**	

Para análise da evolução horizontal dos balanços, você deve considerar:

- *Evolução dos ativos (investimentos) e passivos (financiamentos) de curto prazo.* É possível avaliar a existência de folga financeira (liquidez de curto prazo), na eventualidade de os ativos financeiros terem crescido mais rapidamente que os passivos financeiros de curto prazo, ou, por outro lado, um aperto na liquidez de curto prazo, refletido no caso inverso.

- *Evolução do ativo não circulante.* Um nível maior de investimentos em imobilizado e intangível deve estar associado a um adequado crescimento das vendas.

Veja na tabela 13 a análise horizontal do ativo das Lojas Renner.

Tabela 13

Evolução da análise horizontal do ativo das Lojas Renner

Balanço encerrado em	31/12/2014		31/12/2015		31/12/2016		2014-15	2015-16
Ativo	**Valores**	**AH**	**Valores**	**AH**	**Valores**	**AH**	**%**	**%**
Ativo circulante	**3.499,3**	**100**	**3.721,2**	**106**	**4.085,5**	**117**	**6%**	**10%**
Caixa e equivalentes de caixa	834,3	100	737,5	88	894,9	107	-12%	21%
Contas a receber	1.981,2	100	2.268,2	114	2.266,3	114	14%	0%
Estoques	612,3	100	622,5	102	782,3	128	2%	26%
Tributos a recuperar	68,1	100	87,6	129	135,8	199	29%	55%
Despesas antecipadas	3,4	100	5,3	156	6,2	182	56%	17%
Ativo não circulante	**1.822,2**	**100**	**2.142,5**	**118**	**2.389,7**	**131**	**18%**	**12%**
Ativo realizável a longo prazo	**150,0**	**100**	**176,4**	**118**	**244,4**	**163**	**18%**	**39%**
Investimentos	**0,1**	**100**	**0,1**	**100**	**0,0**	**0**	**0%**	**-100%**
Imobilizado	**1.304,1**	**100**	**1.545,7**	**119**	**1.645,1**	**126**	**19%**	**6%**
Intangível	**368,1**	**100**	**420,3**	**114**	**500,2**	**136**	**14%**	**19%**
Ativo total	**5.321,5**	**100**	**5.863,7**	**110**	**6.475,2**	**122**	**10%**	**10%**

Já na tabela 14 a análise horizontal é do passivo e do patrimônio líquido, mostrando a evolução entre 2013 e 2015.

A tabela 15 apresenta a evolução das contas da demonstração de resultados: vendas, custos, despesas e impostos.

Em resumo, as análises vertical e horizontal têm por objeto básico a avaliação dos demonstrativos contábeis pela evolução de seus valores ao longo do tempo (análise horizontal), e pela participação relativa de cada valor em relação a um total (análise vertical).

Tabela 14

Evolução da análise horizontal do passivo e patrimônio líquido das Lojas Renner

Balanço encerrado em	31/12/2014		31/12/2015		31/12/2016		2014-15	2015-16
Passivo e patrimônio líquido	**Valores**	**AH**	**Valores**	**AH**	**Valores**	**AH**	**%**	**%**
Passivo circulante	**2.037,4**	**100**	**2.319,1**	**114**	**2.917,8**	**143**	**14%**	**26%**
Obrigações sociais e trabalhistas	142,0	100	174,7	123	179,5	126	23%	3%
Fornecedores nacionais	561,5	100	553,5	99	679,7	121	-1%	23%
Obrigações fiscais	320,6	100	343	107	404,8	126	7%	18%
Empréstimos e financiamentos	559,5	100	706,6	126	996,2	178	26%	41%
Outras obrigações	429,8	100	511,5	119	624,0	145	19%	22%
Provisões cíveis e riscos	24,00	100	29,9	125	33,7	140	25%	13%
Passivo não circulante	**1.428,9**	**100**	**1.233,7**	**86**	**920,7**	**64**	**-14%**	**-25%**
Empréstimos e financiamentos	1.395,5	100	1.196,4	86	879,7	63	-14%	-26%
Provisões fiscais e outras	33,4	100	37,3	112	41,0	123	12%	10%
Patrimônio líquido consolidado	**1.855,3**	**100**	**2.310,9**	**125**	**2.636,8**	**142**	**25%**	**14%**
Capital social realizado	750,9	100	1.136,1	151	1.178,4	157	51%	4%
Reservas de capital	245,9	100	266,3	108	279,3	114	8%	5%
Reservas de lucros	839,3	100	844,3	101	1.217,0	145	1%	44%
Ajustes de avaliação patrimonial	19,3	100	64,2	333	-37,8	-196	233%	-159%
Passivo + patrimônio líquido	**5.321,5**	**100**	**5.863,7**	**110**	**6.475,2**	**122**	**10%**	**10%**

Para completar a análise econômico-financeira baseada nas demonstrações financeiras, trataremos no capítulo 3, da análise por meio de índices, a saber:

- índices de estrutura de capital;
- índices de liquidez;
- índices de atividade.

Tabela 15

Evolução da análise horizontal da DRE das Lojas Renner

DRE encerrado em	31/12/2014		31/12/2015		31/12/2016		2014-15	2015-16
	Valores	AH	Valores	AH	Valores	AH	%	%
Vendas líquidas	**5.216,8**	**100**	**6.145,20**	**118**	**6.451,6**	**124**	**18%**	**5%**
CMV	2.165,9	100	2.511,40	116	2.575,1	119	16%	3%
Lucro bruto	**3.050,9**	**100**	**3.633,80**	**119**	**3.876,5**	**127**	**19%**	**7%**
Despesas/receitas operacionais	2.060,5	100	2.419,50	117	2.638,5	128	17%	9%
Despesas com vendas	1.171,8	100	1.389,70	119	1.547,5	132	19%	11%
Despesas gerais e administrativas	398,0	100	469,4	118	521,1	131	18%	11%
Outras receitas operacionais	-15,0	100	-48,7	325	-71,5	477	225%	47%
Outras despesas operacionais	505,7	100	609,1	120	641,4	127	20%	5%
Lucro da atividade	**990,4**	**100**	**1.214,40**	**123**	**1.238,0**	**125**	**23%**	**2%**
Perdas não recuperáveis ativos	188,5	100	281,1	149	262,2	139	49%	-7%
Lucro antes dos juros	**801,9**	**100**	**933,30**	**116**	**975,7**	**122**	**16%**	**5%**
Receitas financeiras	-93,1	100	-93,9	101	-87,5	94	1%	-7%
Despesas financeiras	187,0	100	198,4	106	190,8	102	6%	-4%
Lucro antes do imposto de renda	**708,2**	**100**	**828,7**	**117**	**872,4**	**123**	**17%**	**5%**
Imposto de renda e CSSL	236,8	100	249,8	105	247,3	104	5%	-1%
Lucro líquido	**471,4**	**100**	**578,8**	**123**	**625,1**	**133**	**23%**	**8%**
Lucro básico por ação ON	**3,7327**		**0,9066**		**0,9742**			

2
Indicadores de estrutura, liquidez e atividade

Os indicadores econômico-financeiros de uma empresa são construídos com base em valores extraídos da demonstração de resultados, balanço patrimonial e fluxo de caixa. Por outro lado, os indicadores de mercado combinam o valor de mercado da empresa com os indicadores contábeis.

A análise de indicadores é útil não apenas para acompanhar historicamente o desempenho econômico e financeiro da empresa, como também para compararmos o desempenho de empresas dentro de um mesmo setor. O quadro 4 apresenta os indicadores da empresa de capital aberto Lojas Renner, que conheceremos neste capítulo, pesquisados no *site* de informações de mercado <www.confiancetec.com>.

Veja no quadro 4, na próxima página, os indicadores que você conhecerá.

Quadro 4

Índices de estrutura, liquidez e atividade

Índices de estrutura	**Índices de endividamento** Endividamento de curto prazo Endividamento total Participação do capital próprio Dívida líquida/EBITDA Dívida líquida/patrimônio líquido Índice de cobertura de juros **Índices de imobilização** Imobilização do capital próprio Imobilização de recursos permanentes
Índices de liquidez	Liquidez corrente Liquidez seca
Índices de atividade	Giro de estoques e prazo médio de estocagem Giro de duplicatas a receber e prazo médio de recebimento das vendas Giro de fornecedores e prazo médio de pagamento

Índices de estrutura

Índices de endividamento

Os índices de endividamento são fundamentais para analisar o risco da empresa. Os índices tradicionais comparam a dívida com o ativo, e os indicadores mais modernos comparam a dívida com a geração de caixa operacional da empresa.

Endividamento de curto prazo

O índice de endividamento de curto prazo corresponde ao percentual do ativo total da empresa que está sendo financiado com recursos de terceiros, de curto prazo.

$$ECP = \frac{passivo\ \ circulante}{ativo\ \ total} \times 100$$

Como exemplo, utilizamos as Lojas Renner nos anos 2014 a 2016.

Tabela 16

Evolução do endividamento de curto prazo das Lojas Renner

	2014	2015	2016
Passivo circulante (R$ milhões)	2.037,36	2.319,13	2.917,75
Ativo total (R$ milhões)	5.321,54	5.863,72	6.475,21
End. curto prazo = passivo circulante ÷ ativo total	38,3%	39,6%	45,1%

Fonte: <www.confiancetec.com>. Acesso em: 12 abr. 2017.

Em 31/12/2016, 45,1% do ativo total das Lojas Renner estavam sendo financiados com recursos de terceiros de curto prazo, contra 39,6% em 2015 e 38,3% em 2014.

Endividamento total

Esse índice revela a porcentagem do ativo total da companhia que está sendo financiada com recursos de terceiros.

$$END = \frac{passivo\ \ circulante\ + passivo\ \ não\ \ circulante}{ativo\ \ total} \times 100$$

É fundamental comparar o endividamento total da empresa com a média setorial, verificar como o endividamento vem evoluindo nos últimos anos, além de analisar seu custo. É importante também verificar se parte da dívida onerosa da empresa é subsidiada, por exemplo, financiamentos com BNDES, e se a taxa de retorno dos ativos supera as taxas de juros das dívidas.

Como exemplo, tomemos, na tabela 17, as Lojas Renner nos anos 2014 a 2016.

Tabela 17

Evolução do endividamento total das Lojas Renner

	2014	2015	2016
Passivo circulante (R$ milhões)	2.037,36	2.319,13	2.917,75
Passivo não circulante (R$ milhões)	1.428,91	1.233,70	920,67
Ativo total (R$ milhões)	5.321,54	5.863,72	6.475,21
Endividamento total = (passivo circulante + passivo não circulante) ÷ ativo total	65,1%	60,6%	59,3%

Fonte: <www.confiancetec.com>. Acesso em: 12 abr. 2017.

Em 31/12/2016, 59,3% do ativo total das Lojas Renner estavam sendo financiados com recursos de terceiros, contra 60,6% em 2015 e 65,1% em 2014.

A seguir, é apresentada a tabela 18, com o índice de endividamento total de 18 empresas, de setores variados, de 2012 a 2016.

Tabela 18

Índice de endividamento

Empresa	Setor	2012	2013	2014	2015	2016
Alpargatas	Calçados	39,4%	45,4%	42,4%	48,7%	45,4%
BRF	Alimentos	52,6%	54,6%	56,5%	65,7%	71,5%
Cielo	Serviços financeiros	77,2%	75,0%	76,9%	66,1%	57,8%
CCR	Exploração de rodovias	76,5%	75,2%	78,7%	82,0%	83,1%
Copel	Energia elétrica	41,1%	44,1%	46,6%	49,6%	50,2%
Fibria	Celulose	46,0%	45,8%	42,9%	56,5%	59,9%
Grendene	Calçados	14,7%	12,7%	13,2%	14,1%	10,2%
Gerdau	Siderurgia	45,8%	45,0%	47,3%	54,4%	55,6%
Kroton	Educação	40,6%	35,8%	26,1%	25,1%	21,3%
Localiza	Aluguel de carros	67,4%	70,8%	71,0%	68,3%	70,4%
Lojas Renner	**Consumo**	**65,4%**	**66,9%**	**65,1%**	**60,6%**	**59,3%**
Pão de Açúcar	Comércio e distribuição	68,7%	66,6%	68,2%	71,7%	72,1%

▼

▼

Empresa	Setor	2012	2013	2014	2015	2016
Petrobras	Óleo e gás	49,0%	53,6%	60,8%	71,3%	68,6%
Natura	Cosméticos	75,7%	81,3%	84,0%	88,5%	88,2%
Suzano	Papel e celulose	56,6%	60,6%	63,3%	67,5%	65,5%
TOTVS	Sistema de computação	35,7%	42,1%	47,8%	53,5%	50,0%
Vale	Mineração	41,7%	47,9%	51,7%	59,7%	58,6%
Weg	Máquinas e equipamentos	53,2%	54,2%	56,4%	56,8%	55,1%

Fonte: <www.confiancetec.com>. Acesso em: 12 abr. 2017.

Participação do capital próprio

O índice de participação do capital próprio demonstra a participação dos recursos próprios no financiamento do ativo total da empresa.

$$PCP = \frac{patrimônio \ \ líquido}{ativo \ \ total} \times 100$$

Exemplo: tomemos as Lojas Renner nos anos 2014 a 2016 conforme a tabela 19.

Tabela 19

Evolução da participação do capital próprio das Lojas Renner

	2014	2015	2016
Patrimônio líquido (R$ milhões)	1.855,2	2.310,9	2.636,8
Ativo total (R$ milhões)	5.321,5	5.863,7	6.475,21
Participação capital próprio = patrimônio líquido ÷ ativo total	34,9%	39,4%	40,72%

Fonte: <www.confiancetec.com>. Acesso em: 12 abr. 2017.

Em 31/12/2016, 40,72% do ativo total da empresa estavam sendo financiados com recursos próprios, contra 39,41% em 2015 e 34,86% em 2014.

Dívida líquida/EBITDA

$$Dívida\ líquida\ /\ EBITDA = \frac{dívida\ financeira - disponibilidades}{EBITDA}$$

Em princípio, quanto maior o índice de endividamento total de uma empresa e quanto maiores forem as taxas de juros, maior será a probabilidade de ela não conseguir satisfazer todos os seus compromissos, principalmente em cenários de desaceleração na economia ou de recessão.

Embora o índice de endividamento total (IE = (passivo circulante + PNC) ÷ ativo total) deva ser acompanhado ao longo do tempo, temos de olhar com certo cuidado, pois trata-se de um índice estático (simplesmente compara itens do ativo com itens do passivo). A simples comparação entre dívidas e ativo total não nos parece ser a melhor forma de identificar o risco de uma empresa. Uma empresa em funcionamento não paga suas dívidas por meio da realização de seus ativos. Ela só se desfaz de ativos para pagamento de suas dívidas quando se encontra numa situação de risco e forte endividamento. O normal é a empresa pagar as dívidas por meio da geração de caixa operacional.

Dessa forma, um indicador mais robusto para avaliar o risco da empresa seria um índice que comparasse seu fluxo de caixa operacional potencial (EBITDA) com sua dívida. Dependendo da capacidade de geração de recursos da companhia, uma empresa poderá até apresentar um endividamento total (passivo circulante + passivo não circulante sobre ativo total) maior do que outra e, ao mesmo tempo, pode representar um risco financeiro menor.

Por exemplo, consideremos duas empresas A e B, com os respectivos índices de endividamento END = [(passivo circulante + passivo não circulante) ÷ ativo total]. $END_A = 50\%$ e $END_B = 60\%$.

Se compararmos as dívidas líquidas financeiras de cada empresa com seus respectivos fluxos de caixa operacionais potenciais (EBITDAs) anuais, teremos uma noção melhor do risco financeiro de cada empresa. Suponhamos que a dívida líquida/ EBITDA da empresa A seja igual a 4 e a dívida líquida/EBITDA da empresa B seja igual a 2. Nesse caso, fica evidente que a empresa B, apesar de possuir uma dívida maior, em relação ao ativo total, do que a empresa A, apresenta um risco menor, considerando que os fluxos de caixa operacionais (FCOs) sejam estáveis, visto que seu FCO gerado no ano cobre 50% (1/2) da dívida, ao passo que o FCO da empresa A cobre apenas 25% da dívida (1/4).

Por meio do fluxo de caixa operacional potencial, pode-se estabelecer a capacidade de amortização das dívidas da empresa e, dessa forma, a necessidade de adequar melhor o perfil de pagamentos do passivo com sua geração de caixa.

Caso a empresa não gere fluxos de caixa operacionais suficientes para amortizar as dívidas e pagar os juros, a empresa se verá forçada a renovar constantemente seus passivos ou então terá de obter novos recursos (muitas vezes de curto prazo) com o intuito de saldar seus compromissos.

> As relações entre fluxos de caixa e estoques de dívidas parecem mais efetivas na avaliação de solvência. Com efeito, a previsão de falências (um evento raro) e a previsão de dificuldades financeiras (um evento mais comum) são exercícios de antecipação de cenários operacionais críticos para a empresa, os quais somente podem ser esboçados a partir de um razoável conhecimento da operação que ela desenvolve e das condições do setor específico onde ela está estabelecida [...] Com relação, especificamente, à contribuição da análise econômico-financeira tradicional ao exercício de previsão de falências ou de crises de liquidez, cremos que ela tem sido supervalorizada. Um detalhado exame da sequência de demonstrativos de fluxo de caixa irá ilustrar

melhor a iminência de uma deterioração financeira [...] O ritmo das entradas de caixa provenientes das operações deve estar coerente com os desembolsos por elas provocado e com a cobertura do serviço da dívida. O ritmo dos investimentos permanentes novos deve estar coerente com a disponibilidade de fundos levantados junto aos acionistas, credores de longo prazo, ou acumulados pelas próprias operações. O diagnóstico se resume, portanto, numa análise de tendências desses fluxos, de forma dinâmica, por um analista não apenas inteirado dos demonstrativos financeiros básicos da empresa, mas, sobretudo, bem informado sobre o negócio da empresa e situação do seu setor; jamais esse diagnóstico pode se limitar a uma divisão elementar de saldos devedores por saldos credores [Leite e Hopp, 1989:67].

Exemplo: tomemos as Lojas Renner nos anos 2014 a 2016, na tabela 20:

Tabela 20

Evolução da dívida líquida/EBITDA das Lojas Renner

	2014	2015	2016
Dívida financeira (R$ milhões)	1.955,00	1.903,00	1.875,90
Disponibilidades (R$ milhões)	834,34	737,53	894,90
Dívida financeira líquida (R$ milhões)	1.120,70	1.165,50	981,00
EBITDA (R$ milhões)	1.203,20	1.479,20	1.549,20
Dívida líquida/EBITDA	0,90	0,80	0,60

Fonte: <www.confiancetec.com>. Acesso em: 12 abr. 2017.

Apesar do aumento da dívida líquida da empresa em 31/12/2015, o índice dívida líquida/EBITDA melhorou devido, principalmente, ao crescimento do EBITDA. Em 31/12/2016, esse indicador caiu mais ainda por conta da redução da dívida líquida e aumento do EBITDA.

A seguir é apresentada a tabela 21 com a relação dívida líquida/ EBITDA de 18 empresas, de 2012 a 2016.

Tabela 21

Dívida líquida/EBITDA

	2012	2013	2014	2015	2016
Alpargatas	(0,80)	(0,60)	0,10	0,40	0,20
BRF	3,00	2,20	1,10	1,60	3,50
Cielo	0,50	0,60	0,90	2,30	1,50
CCR	2,50	2,30	2,80	3,60	3,70
Copel	0,60	1,10	1,80	2,20	2,90
Fibria	3,60	2,80	2,70	1,90	3,10
Grendene	(0,80)	(0,70)	(1,00)	(0,90)	-2,60
Gerdau	2,90	2,60	2,50	4,40	3,80
Kroton	1,00	0,20	0,40	0,20	(0,40)
Localiza	1,41	1,45	1,36	1,70	2,10
Lojas Renner	**0,80**	**1,00**	**0,90**	**0,80**	**0,60**
Pão de Açúcar	0,92	0,29	(0,29)	(1,10)	0,40
Petrobras	2,77	3,59	4,80	5,30	3,50
Natura	0,45	0,99	1,47	1,80	1,60
Suzano	5,02	4,93	4,12	2,70	2,70
TOTVS	(0,50)	(0,30)	(0,30)	1,00	1,30
Vale	1,50	1,20	2,20	4,30	2,00
Weg	0,10	(0,10)	(0,10)	0,50	(0,30)

Fonte: <www.confiancetec.com>. Acesso em: 12 abr. 2017.

Observe que algumas empresas têm índices negativos; são aquelas que possuem um volume de disponibilidades maior que as dívidas financeiras.

Dívida líquida/patrimônio líquido (em inglês: debt/equity*)*

Esse índice revela outra forma de se analisar o endividamento de uma empresa.

$$D/E = \frac{dívida\ financeira\ líquida}{patrimônio\ líquido} \times 100$$

Não existe um índice padrão de endividamento para uma empresa, pois o nível aceitável de endividamento varia de acordo com o tipo de negócio. Por exemplo, empresas com resultados da atividade (EBIT) estáveis que vendem produtos ou serviços considerados essenciais são menos afetadas numa recessão e, devido a essa característica, costumam trabalhar com índices de endividamento mais elevados e podem se beneficiar com isso (dado que o custo da dívida é menor que o custo do capital próprio).

Por outro lado, empresas com vendas instáveis, por exemplo, empresas que trabalham com produtos ou serviços considerados supérfluos, são mais afetadas numa recessão e, por isso, tendem a trabalhar (ou deveriam trabalhar) com níveis de endividamento mais baixos. Isso porque, se ocorrer uma queda nas vendas, a tendência é ter uma forte queda no lucro da atividade, podendo resultar em prejuízo líquido, dependendo do tamanho da dívida e das despesas financeiras. Da mesma forma, empresas de tecnologia também não deveriam se endividar em demasia, pois grande parte do ativo é intangível e normalmente é grande a incerteza em relação aos fluxos de caixa futuros.

Como exemplo, tomemos as Lojas Renner nos anos 2014 a 2016 na tabela 22. Apesar do aumento da dívida líquida financeira, a empresa teve uma redução na relação D/E por conta do crescimento mais significativo do patrimônio líquido.

Tabela 22

Evolução da relação D/E das Lojas Renner

	2014	2015	2016
Dívida financeira líquida (R$ milhões)	1.120,70	1.165,50	981,00
Patrimônio líquido (R$ milhões)	1.855,27	2.310,90	2.636,80
D/E	0,6	0,5	0,4

Fonte: <www.confiancetec.com>. Acesso em: 12 abr. 2017.

A seguir, é apresentada a tabela 23 com a relação dívida líquida/ patrimônio líquido de 18 empresas, de 2012 a 2016.

Tabela 23

Dívida líquida/patrimônio líquido

	2012	2013	2014	2015	2016
Alpargatas	(0,19)	(0,14)	0,01	0,10	0,00
BRF	0,48	0,45	0,32	0,67	1,00
Cielo	0,74	0,62	0,78	1,85	0,90
CCR	2,20	2,04	2,55	3,13	3,40
Copel	0,09	0,19	0,40	0,40	0,50
Fibria	0,49	0,51	0,49	0,80	0,80
Grendene	(0,17)	(0,20)	(0,21)	(0,20)	(0,40)
Gerdau	0,40	0,40	0,40	0,60	0,60
Kroton	0,20	0,10	0,00	0,00	(0,10)
Localiza	0,93	0,99	0,80	0,80	1,00
Lojas Renner	**0,50**	**0,70**	**0,60**	**0,50**	**0,40**
Pão de Açúcar	0,40	0,10	(0,10)	(0,30)	0,10
Petrobras	0,43	0,64	0,91	1,50	1,30
Natura	0,50	1,40	2,00	2,70	2,10
Suzano	0,58	0,86	0,98	1,30	1,00
TOTVS	(0,20)	(0,10)	(0,10)	0,30	0,40
Vale	0,30	0,40	0,50	0,80	0,60
Weg	0,00	0,00	0,00	0,10	(0,10)

Fonte: <www.confiancetec.com>. Acesso em: 12 abr. 2017.

Índice de cobertura de juros

$$ICJ = \frac{lucro\ da\ atividade}{despesas\ financeiras\ líquidas}$$

O índice de cobertura de juros (ICJ) propõe-se a avaliar a capacidade de a empresa conseguir arcar com os juros a partir de seu resultado da atividade. Quanto maior é o índice de cobertura, menor é o risco da empresa, conforme pode ser observado na tabela 24.

Tabela 24
Evolução da relação ICJ das Lojas Renner

	2014	2015	2016
Lucro da atividade (R$ milhões)	990,51	1.214,39	1.237,89
Despesas financeiras líquidas (R$ milhões)	93,88	104,59	103,31
ICJ	10,55	11,61	11,98

Fonte: <www.confiancetec.com>. Acesso em: 12 abr. 2017.

O professor Aswath Damodaran, da Universidade de Nova York, avalia o risco da empresa (*rating* sintético) a partir do índice de cobertura, diferenciando o tamanho da empresa. Uma das abordagens para o cálculo do custo do capital de terceiros, um dos componentes do custo médio ponderado de capital, seria somar a taxa livre de risco ao *spread* de crédito. As tabelas 25 e 26 apresentam o *rating* sintético, respectivamente, para grandes e para pequenas e médias empresas.

Tabela 25
Rating sintético para grandes empresas

Grandes indústrias			
Se o índice de cobertura de juros é			
>	e ≤ a	***rating* é**	***spread* é**
-100000	0,199999	D2/D	20,00%
0,20	0,649999	C2/C	16,00%
0,65	0,799999	Ca2/CC	12,00%
0,80	1,249999	Caa/CCC	9,00%
1,25	1,499999	B3/B-	7,50%
1,50	1,749999	B2/B	6,50%
1,75	1,999999	B1/B+	5,50%
2,00	2,249999	Ba2/BB	4,25%
2,25	2,499999	Ba1/BB+	3,25%
2,50	2,999999	Baa2/BBB	2,25%
3,00	4,249999	A3/A-	1,75%
4,25	5,499999	A2/A	1,25%
5,50	6,499999	A1/A+	1,10%
6,50	8,499999	Aa2/AA	1,00%
8,50	100000	Aaa/AAA	0,75%

Fontes: <http://pages.stern.nyu.edu/~adamodar/> e <www.adamodar.com>. Acesso em: 18 abr. 2017.

Tabela 26

Rating sintético para empresas médias e pequenas

Empresas menores			
Se o índice de cobertura de juros é			
>	**e ≤ a**	***rating* é**	***spread* é**
-100000	0,499999	D2/D	20,00%
0,50	0,799999	C2/C	16,00%
0,80	1,249999	Ca2/CC	12,00%
1,25	1,499999	Caa/CCC	9,00%
1,50	1,999999	B3/B-	7,50%
2,00	2,499999	B2/B	6,50%
2,50	2,999999	B1/B+	5,50%
3,00	3,499999	Ba2/BB	4,25%
3,50	3,999999	Ba1/BB+	3,25%
4,00	4,499999	Baa2/BBB	2,25%
4,50	5,999999	A3/A-	1,75%
6,00	7,499999	A2/A	1,25%
7,50	9,499999	A1/A+	1,10%
9,50	12,499999	Aa2/AA	1,00%
12,50	100000	Aaa/AAA	0,75%

Fontes: <http://pages.stern.nyu.edu/~adamodar/> e <www.adamodar.com>. Acesso em: 18 abr. 2017.

Índices de imobilização

Os investimentos em imobilizado, ativo biológico, intangível e participações acionárias (investimentos) são de longo prazo e, por isso, devem ser financiados por recursos dos sócios complementados por recursos de terceiros de longo prazo. Os índices de imobilização do capital próprio e de recursos permanentes são aqueles que medem o nível de imobilização das empresas.

Imobilização do capital próprio

O índice de imobilização do capital próprio (ICP) está relacionado à alavancagem da empresa. O crescimento do ICP aponta para uma maior alavancagem, dado que uma parcela maior dos investimentos permanentes está sendo financiada com capital de terceiros.

$$ICP = \frac{investimentos + ativo\ imobilizado + ativo\ biológico + intangível}{patrimônio\ líquido} \times 100$$

Um elevado índice ICP não significa, necessariamente, que a empresa se encontre numa situação de risco, pois não existe um indicador padrão para a imobilização do capital próprio.

Esse índice depende do tamanho da companhia e do setor de atuação. Por exemplo, o crescimento do imobilizado e do intangível é tido como normal numa fase de expansão das instalações. O mais importante é que a empresa financie esses investimentos com capital próprio ou de terceiros, desde que de longo prazo. Os investimentos costumam ter um prazo longo de maturação e, assim, a empresa precisa de tempo para conseguir elevar sua geração de caixa operacional e, desse modo, conseguir pagar os juros e amortizar o principal de sua dívida.

Tomemos como exemplo as Lojas Renner nos anos 2014 a 2016, conforme tabela 27.

Tabela 27

Evolução da imobilização do capital próprio das Lojas Renner

	2014	2015	2016
Investimentos + ativo biológico + imobilizado + intangível (R$ milhões)	1.671,58	1.966,58	2.145,36
Patrimônio líquido (R$ milhões)	1.855,27	2.310,90	2.636,80
ICP = (investimentos + ativo biológico + imobilizado + intangível) ÷ patrimônio líquido	90,1%	85,1%	81,4%

Fonte: <www.confiancetec.com>. Acesso em: 12 abr. 2017.

O índice de imobilização do capital próprio caiu para 81,4%, contra 85,1% em 31/12/2015 e 90,1% em 31/12/2014, pois o patrimônio líquido da empresa cresceu mais do que os investimentos permanentes.

Imobilização de recursos permanentes

Esse índice confronta os investimentos permanentes (investimentos, ativo biológico, imobilizado e intangível) com o total de recursos de longo prazo (patrimônio líquido + passivo não circulante), ou seja, aponta o percentual dos recursos de longo prazo que se encontram aplicados nos investimentos permanentes.

$$IRP = \frac{ativo\ imobilizado + investimentos + ativo\ biológico + intangível}{patrimônio\ líquido + passivo\ não\ circulante} \times 100$$

O lado esquerdo do balanço, o ativo, conforme quadro 5, apresenta os investimentos, com destaque para dois grupos: um relacionado à instalação da capacidade produtiva (edificações, instalações, máquinas, equipamentos, veículos, ativo biológico, sistemas e *softwares* etc.) e outro relacionado ao giro dos negócios (estoques, duplicatas a receber, adiantamento a fornecedores etc.).

Quadro 5

Balanço patrimonial

Ativo	Passivo e patrimônio líquido
Ativo circulante (relacionado ao giro dos negócios)	*Passivo circulante*
Ativo não circulante (relacionado essencialmente à instalação da capacidade produtiva)	*Passivo não circulante*
	Patrimônio líquido

Quanto maior for a imobilização de recursos permanentes, menor será a parcela deles destinada ao financiamento do giro dos negócios.

Empresas que conseguem produzir, vender e receber num prazo curto podem trabalhar com um índice maior de imobilização de recursos permanentes. Por outro lado, empresas que levem mais tempo para renovar seus estoques e trabalham com elevados prazos de recebimento deveriam ter uma imobilização menor de recursos permanentes e, consequentemente, maiores parcelas de recursos permanentes destinados ao giro.

Como exemplo, tomemos, ainda, as Lojas Renner nos anos 2014 a 2016, conforme tabela 28.

Tabela 28

Evolução da imobilização dos recursos permanentes das Lojas Renner

	2014	2015	2016
Investimentos + ativo biológico + imobilizado + intangível (R$ milhões)	1.671,58	1.966,58	2.145,36
Passivo não circulante (R$ milhões)	1.428,91	1.233,70	920,67
Patrimônio líquido (R$ milhões)	1.855,27	2.310,90	2.636,80
IRP = (investimentos + ativo biológico + imobilizado + intangível) ÷ (PL + PNC)	50,9%	55,5%	60,3%

Fonte: <www.confiancetec.com>. Acesso em: 12 abr. 2017.

Em 31/12/2016, 60,3% dos recursos permanentes estavam sendo aplicados nos investimentos permanentes e 39,7% no giro das operações.

Índices de liquidez

Os índices de liquidez mostram a relação entre os ativos circulantes e os passivos circulantes de uma empresa e, portanto, sua habilidade em cumprir os vencimentos das dívidas.

Liquidez corrente (ILC)

$$ILC = \frac{ativo\ circulante}{passivo\ circulante}$$

O índice de liquidez corrente indica o quanto existe de ativo circulante para cada R$ 1,00 de passivo circulante em determinado instante. Dessa forma, podemos afirmar que empresas que trabalham com índice de liquidez acima de 1,00 têm capital de giro (ativo circulante menos passivo circulante) positivo e empresas que trabalham com índice de liquidez corrente abaixo de 1,00 operam com capital de giro negativo. No entanto, não basta saber se a empresa tem ou não tem capital de giro. Precisamos saber também se o capital de giro que a empresa tem é suficiente ou não.

Em princípio, empresas comerciais e industriais deveriam trabalhar com índice de liquidez corrente acima de 1. No entanto, não é possível afirmarmos que companhias com índice de liquidez corrente mais elevado têm melhor situação financeira. O índice de liquidez corrente não revela qual é a qualidade dos ativos. Por exemplo, podemos ter uma empresa industrial que tem um índice elevado de liquidez corrente, mas que vem trabalhando com elevados estoques, pois não está conseguindo vender tudo aquilo que produziu. Ou, ainda, uma empresa comercial pode ter um ILC acima da média setorial, mas pode estar abarrotada de duplicatas a receber, fruto do aumento da inadimplência.

As contas mais importantes do ativo e passivo circulante têm a característica de permanecer em determinados patamares, pois são contas que não se realizam, apenas se renovam, por exemplo, estoques, duplicatas a receber, adiantamento a fornecedores, fornecedores, obrigações fiscais e salários a pagar. Essas contas estão correlacionadas com a atividade operacional e por isso simplesmente giram. Assim, não podemos tirar conclusões olhando isoladamente o índice de liquidez corrente.

Uma análise mais cuidadosa deve comparar os prazos de pagamentos das compras com os prazos de renovação dos ativos operacionais.

Empresas que precisam pagar num prazo relativamente curto seus fornecedores e que, ao mesmo tempo, demoram a produzir, vender e receber necessitam trabalhar com índices de liquidez corrente elevados, pois elas precisam de capital de giro.

Por outro lado, podemos ver empresas que conseguem receber antes de pagar, e assim podem trabalhar com índice de liquidez em torno de 1, pois não precisam de capital de giro.

A tabela 29 mostra o índice de liquidez corrente das Lojas Renner, que caiu de 1,7 em 2014 para 1,4 em 2016. Essa queda pode ser explicada pelo fato de o passivo circulante ter crescido 43,21% contra um crescimento de 16,75% do ativo circulante. No entanto, o crescimento de 78,03% na linha de financiamentos de curto prazo (R$ 559,54 milhões em 2014 para R$ 996,17 milhões em 2016) não indica problemas financeiros. A empresa não está tomando empréstimos para cobrir déficit de fluxo de caixa, mas, sim, transferindo dívida de longo prazo para curto prazo. Isso pode ser confirmado pelo crescimento do endividamento de curto prazo e concomitante queda do endividamento total (os financiamentos de longo prazo caíram de R$ 1.395,47 milhões em 2014 para R$ 879,75 milhões em 2016).

Tabela 29

Evolução do índice de liquidez corrente das Lojas Renner

	2014	2015	2016
Ativo circulante (R$ milhões)	3.499,34	3.721,21	4.085,48
Passivo circulante (R$ milhões)	2.037,36	2.319,13	2.917,75
ILC = ativo circulante ÷ passivo circulante	1,70	1,60	1,40

Fonte: <www.confiancetec.com>. Acesso em: 12 abr. 2017.

A tabela 30 apresenta o índice de liquidez corrente de 18 empresas de capital negociadas em bolsa de valores, entre elas as Lojas Renner, de 2012 a 2016.

Tabela 30

Índice de liquidez corrente

	2012	2013	2014	2015	2016
Alpargatas	2,43	2,15	2,15	1,69	2,30
BRF	1,55	1,57	1,83	1,65	1,50
Cielo	1,37	1,43	1,33	1,57	1,80
CCR	0,43	0,55	0,56	0,50	0,60
Copel	1,65	1,40	1,29	1,40	0,80
Fibria	2,52	1,31	1,55	1,85	1,90
Grendene	5,06	5,94	6,76	5,38	9,10
Gerdau	2,10	2,50	2,70	2,80	2,10
Kroton	1,47	1,74	1,53	1,40	2,10
Localiza	1,70	1,53	1,40	1,50	1,20
Lojas Renner	**1,40**	**1,60**	**1,70**	**1,60**	**1,40**
Pão de Açúcar	1,24	1,09	1,01	1,00	1,10
Petrobras	1,70	1,49	1,63	1,50	1,80
Natura	1,40	1,51	1,36	1,30	1,20
Suzano	2,34	2,80	2,16	1,90	2,10
TOTVS	2,20	2,60	3,00	1,80	1,50
Vale	1,79	2,54	1,88	1,50	2,00
Weg	1,90	2,66	2,40	2,70	2,80

Fonte: <www.confiancetec.com>. Acesso em: 12 abr. 2017.

Liquidez seca (ILS)

$$ILS = \frac{ativo\ circulante - estoques}{passivo\ circulante}$$

Avalia quanto existe de ativo circulante (excluindo os estoques) para cada R$ 1,00 de passivo circulante num dado momento.

Esse índice retira o estoque do numerador, dada sua característica renovável, ou seja, podemos considerar o estoque uma conta permanente, pois quando uma empresa industrial ou comercial dá baixa de um item do seu estoque, ela precisa imediatamente repor o mesmo. Assim, por mais endividada que uma empresa esteja, ela não pode transformar os estoques em dinheiro para pagar suas dívidas, ou seja, os estoques não se realizam; eles simplesmente giram.

A questão é que, embora esse índice seja mais rigoroso que o anterior (ILC), ele ainda não é robusto o suficiente para afirmarmos se a situação da empresa é boa ou não, pois existem outras contas dentro do circulante que também têm uma característica operacional e que, por isso, giram, ou seja, não se realizam (caso das contas duplicatas a receber, adiantamento a fornecedores, fornecedores e outras).

Dessa forma, a análise financeira correta deve se basear num estudo detalhado da necessidade de capital de giro da companhia, que será visto no próximo capítulo.

A tabela 31 mostra a queda do ILS das Lojas Renner de 1,42 em 2014 para 1,13 em 2016, em linha com a queda do ILC, explicada no item anterior.

Tabela 31

Evolução do índice de liquidez seca das Lojas Renner

	2014	2015	2016
Ativo circulante (R$ milhões)	3.499,34	3.721,21	4.085,48
Estoques (R$ milhões)	612,30	622,53	782,27
Passivo circulante (R$ milhões)	2.037,36	2.319,13	2.917,75
ILS = (ativo circulante – estoques) ÷ passivo circulante	1,42	1,34	1,13

Fonte: <www.confiancetec.com>. Acesso em: 12 abr. 2017.

Índices de atividade

A partir da análise dos índices de atividade, é possível acompanhar os giros das contas operacionais. Tais giros são importantes na análise de liquidez, pois estão relacionados com a velocidade de renovação dos ativos e passivos circulantes.

A análise da necessidade de capital de giro envolve o cálculo dos prazos médios de renovação de estoques, recebimento de vendas, pagamento das compras e recolhimento das obrigações fiscais.

Esses prazos médios costumam ser calculados com base em demonstrações financeiras anuais, mas podem também ser calculados com base em intervalos de tempo menores (por exemplo, semestre, trimestre ou mês).

Giro de estoques e prazo médio de estocagem

$$PME = estoques \div CMV\ diário$$

Este prazo indica quantos dias, em média, a empresa leva entre as compras e as vendas das mercadorias no caso de uma empresa comercial, ou quantos dias decorrem entre a compra das matérias-primas e a venda dos produtos acabados no caso de uma empresa industrial.

Para o caso de análise de uma demonstração anual, teríamos:

$$PME = 360 \div giro\ de\ estoques$$

$$PME = \frac{360}{\left(\frac{custo\ das\ vendas}{estoque}\right)}$$

O giro de estoques mede o número de vezes que os estoques são renovados (ou vendidos), em média, ao longo do ano.

Empresas comerciais

Numa empresa comercial ocorre uma simples revenda de mercadorias. O custo de mercadorias é determinado pelo valor de aquisição das mesmas.

$$CMV = estoque\ inicial + compras - estoque\ final$$

$$Giro\ de\ estoques = CMV \div estoques$$

$$PME = 360 \div (CMV \div estoques)$$

Quanto menor o giro dos estoques, maior será o prazo durante o qual os diversos produtos permanecerão estocados. A eficiência com que os estoques são administrados influenciará a rentabilidade sobre o ativo. Um maior prazo de estocagem forçará uma necessidade de maiores investimentos no ativo, o que reduzirá a rentabilidade sobre o ativo, assim como um prazo menor permitirá investimentos menores, aumentando a rentabilidade do ativo.

Empresas industriais

A empresa industrial adiciona valor às matérias-primas e insumos adquiridos ao transformá-los em produtos acabados.

Os elementos envolvidos na movimentação de estoques de uma indústria começam com as entradas de matérias-primas e outros materiais utilizados na produção, que devem ser contabilizados pelo valor das compras líquidas deduzidos os impostos.

O custo de produção no período é igual à soma do consumo de matérias-primas, mão de obra direta e custos indiretos de fabricação.

$$Custo\ de\ produção = consumo\ m.p. + depreciação + mão\ de\ obra + manutenção + energia/outros$$

onde:

Consumo m.p. = estoque inicial m.p. + compras m.p. – estoque final m.p.

O custo de produção é, então, transferido para o estoque de produtos acabados. As saídas nesse terceiro estágio correspondem ao CPV, sendo:

CVP = estoque inicial p.a. + custo de produção – estoque final de produtos acabados

A fim de atender seus clientes, a empresa necessita manter certo volume de produtos acabados e, para produzi-los, precisa de matérias-primas, materiais indiretos, componentes e embalagens.

Muitas vezes, verifica-se uma variação do volume de estoques das empresas, que pode ser originado por diversos fatores. Por exemplo:

- é comum a elevação de estoques durante períodos de baixo volume de vendas, antes de a empresa recorrer à redução da produção ou mesmo paralisação de máquinas;
- para empresas com vendas sazonais, é comum a elevação de estoques no período imediatamente anterior ao pico de vendas;
- nas empresas com compras de matérias-primas sazonais (por exemplo, aquelas cujas compras ocorrem em períodos de safra), os estoques de matérias-primas oscilam ao longo do ano, crescendo na época de safra (a empresa compra para alimentar a produção do ano) e caindo em seguida à medida que o estoque vai sendo consumido.

PME = 360 ÷ (CVP ÷ estoques)

A tabela 32 evidencia que a Renner conseguiu girar mais rapidamente seus estoques em 2015, o que se refletiu na queda do prazo médio de estocagem de 102 dias em 2014 para 89 dias em 2015. No entanto, houve um forte aumento desse prazo em 2016, o que reflete uma dificuldade maior para girar os estoques, dado que o prazo aumentou 20 dias em relação a 2015.

Tabela 32

Evolução do índice do prazo médio de estocagem das Lojas Renner

	2014	2015	2016
Estoques (R$ milhões)	612,30	622,53	782,27
CMV (R$ milhões)	2.165,92	2.511,35	2.575,08
PME = 360 ÷ (CMV ÷ estoques)	102	89	109

Fonte: <www.confiancetec.com>. Acesso em: 12 abr. 2017.

Giro de duplicatas a receber e prazo médio de recebimento das vendas

Uma empresa que concede crédito troca mercadorias, produtos acabados ou um serviço prestado por uma promessa de pagamento no futuro, representada por uma duplicata a receber, um cheque pré-datado ou comprovante de venda via cartão de crédito.

O prazo médio de recebimento de vendas exprime o número médio de dias decorridos entre as vendas e o efetivo ingresso de recursos.

Sempre que houver dados de dois demonstrativos consecutivos, pode-se utilizar a média da conta clientes para o cálculo do prazo médio. O saldo da conta clientes contém os créditos de curto e longo prazos.

O cálculo que define essa relação é o seguinte:

$$PMRV = duplicatas\ a\ receber \div vendas\ diárias$$

No caso de uma análise anual, teremos:

$$PMRV = 360 \div \textit{giro de duplicatas a receber}$$

Sendo:

$$\textit{Giro de duplicatas a receber} = \textit{vendas brutas} \div \textit{duplicatas a receber}$$

Temos:

$$PMRV = \frac{360}{\left(\dfrac{\textit{vendas brutas}}{\textit{duplicatas a receber}}\right)}$$

O volume de duplicatas a receber é função do total de vendas (vendas brutas menos devoluções e abatimentos) e dos prazos concedidos aos clientes. Mantido o prazo médio de recebimento constante, quando as vendas se elevam cresce também o volume de duplicatas a receber e vice-versa, conforme equação a seguir:

$$\textit{Duplicatas a receber} = PMRV \times (\textit{vendas brutas anuais} \div 360)$$

Os investimentos em duplicatas a receber representam, para muitas empresas, uma parcela significativa do ativo circulante. Se a política de crédito é restritiva, haverá menor investimento em duplicatas a receber e menos perdas com clientes, mas, em compensação, as vendas e a margem bruta deverão ser menores. Se, por outro lado, a política de crédito for menos rígida, maior será o prazo médio de recebimento de vendas, crescerá o investimento em duplicatas a receber, maiores serão as perdas com os clientes, mas, em contrapartida, as vendas e a margem bruta deverão ser maiores.

Muitas empresas concedem prazos maiores para clientes toda vez que necessitam incrementar as vendas. No entanto, um aumento no prazo de recebimento implicará um maior investimento no giro (duplicatas a receber), que será renovado na medida em que a empresa mantenha ou eleve o patamar de suas vendas.

Na realidade, a definição de prazos de concessão de crédito aos clientes depende principalmente da política adotada pela concorrência, das características e do risco inerentes ao mercado consumidor, do desempenho da conjuntura econômica e da capacidade da empresa para financiar tal investimento.

Como a demonstração de resultados das Lojas Renner parte das vendas líquidas, vamos considerar o giro de duplicatas a receber com base nas vendas líquidas para cálculo do prazo médio apresentado na tabela 33.

Tabela 33

Evolução do índice do prazo médio de recebimento das vendas das Lojas Renner

	2014	2015	2016
Duplicatas a receber	1.981,18	2.268,18	2.266,29
Vendas líquidas	5.216,82	6.145,20	6.451,58
PMRV = 360 ÷ (vendas líquidas ÷ duplicatas a receber)	137	133	126

Fonte: <www.confiancetec.com>. Acesso em: 12 abr. 2017.

Apesar do elevado prazo médio de recebimento das vendas, ocorreu uma redução nesse prazo de 137 em 2014 para 126 dias em 2016.

Giro de fornecedores e prazo médio de pagamento

$$PMP = fornecedores \div compras\ diárias$$

Uma empresa que obtém crédito ao comprar a prazo recebe mercadorias ou matérias-primas em troca do compromisso de pagamento no futuro. Esse índice exibe o tempo médio que leva entre o recebimento das mercadorias para revenda, ou das matérias-primas para serem transformadas, e seu respectivo pagamento.

No modelo anual teríamos:

$$PMP = 360 \div \text{giro de fornecedores}$$

onde:

$$\text{Giro de fornecedores} = \text{compras} \div \text{fornecedores}$$

E assim temos:

$$PMP = \frac{360}{\left(\frac{\text{compras}}{\text{fornecedores}}\right)}$$

A política de compras exerce influência sobre a necessidade de capital de giro e a rentabilidade da empresa. Se o prazo de pagamento for longo, menor será a necessidade de capital de giro, mas, em contrapartida, maior deverá ser o custo (ao reduzir o prazo de pagamento, a empresa tende a receber algum desconto) e consequentemente, menor é a margem bruta.

Para uma empresa industrial, o analista externo pode ter dificuldades para obter o valor de compras. Nesse caso, deve estimar as compras como uma dada porcentagem do CPV (normalmente o custo desembolsável). Para uma empresa comercial, podemos considerar que compras equivalem ao custo das mercadorias vendidas (ou, se formos mais rigorosos, devemos considerar compras = CMV – Δ estoques).

$$\text{Giro de fornecedores} = \text{custo variável} \div \text{fornecedores}$$

$$PMP = 360 \div (\text{custo variável} \div \text{fornecedores})$$

Na tabela 34, você pode verificar o cálculo do prazo médio de pagamento a fornecedores das Lojas Renner de 2014 a 2016. Como empresa comercial, consideramos compras = CMV.

Tabela 34
Evolução do índice do prazo médio de pagamento das Lojas Renner

	2014	2015	2016
Fornecedores (R$ milhões)	561,48	553,45	679,72
Compras (R$ milhões)	2.165,92	2.511,35	2.575,08
PMP = 360 ÷ (compras ÷ fornecedores)	93	79	95

Fonte: <www.confiancetec.com>. Acesso em: 12 abr. 2017.

A empresa foi menos financiada pelos seus fornecedores em 2015, pois o prazo médio de pagamento caiu de 93 dias em 2014 para 79 dias em 2015. No entanto, esse prazo voltou a crescer em 2016, o que ajudou a financiar o crescimento dos estoques ocorrido no ano.

No quadro 6, apresentamos um resumo dos índices que conhecemos neste capítulo e suas respectivas fórmulas básicas:

Quadro 6
Índices de estrutura, liquidez e atividade

Índices de endividamento	Fórmulas
Endividamento de curto prazo	$END\ c.\ p. = \dfrac{passivo\ circulante}{ativo\ total}$
Endividamento total	$END\ total = \dfrac{(passivo\ circulante + passivo\ não\ circulante)}{ativo\ total}$
Participação do capital próprio	$Part.\ cap.\ próprio = \dfrac{patrimônio\ líquido}{ativo\ total}$
Dívida líquida/EBITDA	$\dfrac{Dívida}{EBITDA} = \dfrac{dívida\ financeira - disponibilidades}{EBITDA}$

▼

▼

Índices de endividamento	**Fórmulas**
Dívida líquida/ patrimônio líquido (D/E)	$\frac{D}{E} = \frac{\textit{dívida financeira} - \textit{disponibilidades}}{\textit{patrimônio líquido}}$
Índice de cobertura de juros (ICJ)	$ICJ = \frac{\textit{lucro da atividade}}{\textit{despesas financeiras}}$
Imobilização do capital próprio	$ICP = \frac{\textit{investimentos} + \textit{imobilizado} + \textit{intangível}}{\textit{patrimônio líquido}}$
Imobilização de recursos permanentes	$IRP = \frac{\textit{investimentos} + \textit{imobilizado} + \textit{intangível}}{\textit{passivo não circulante} + \textit{patrimônio líquido}}$
Índices de liquidez	**Fórmulas**
Liquidez corrente	$ILC = \frac{\textit{ativo circulante}}{\textit{passivo circulante}}$
Liquidez seca	$ILS = \frac{\textit{ativo circulante} - \textit{estoques}}{\textit{passivo circulante}}$
Índices de atividade	**Fórmulas**
Prazo médio de estocagem	$PME = \frac{360}{\left(\frac{\textit{custo das vendas}}{\textit{estoques}}\right)}$
Prazo médio de recebimento das vendas	$PMRV = \frac{360}{\left(\frac{\textit{vendas brutas}}{\textit{duplicatas a receber}}\right)}$
Prazo médio de pagamento	$PMP = \frac{360}{\left(\frac{\textit{compras}}{\textit{fornecedores}}\right)}$

No próximo capítulo, você conhecerá os indicadores de desempenho, especificamente os índices de lucratividade e rentabilidade e o valor econômico adicionado (EVA).

3
Indicadores de desempenho

A análise da demonstração de resultados é a base para o cálculo dos indicadores de desempenho. Neste capítulo, serão abordados os índices de lucratividade, os índices de rentabilidade e os indicadores de desempenho econômico, valor econômico adicionado (EVA) e valor de mercado agregado (MVA).

Os índices de lucratividade que veremos neste capítulo são:

- margem bruta;
- margem da atividade;
- margem EBITDA;
- margem líquida.

Quanto aos índices de rentabilidade vamos verificar como calcular e interpretar:

- retorno sobre ativo (ROA);
- rentabilidade sobre capital investido (ROIC);
- rentabilidade sobre capital próprio (ROE).

Índices de lucratividade

A avaliação da performance econômica de uma empresa parte da análise vertical da demonstração de resultados do exercício, assim como a margem bruta, margem da atividade e margem líquida.

Margem bruta

A margem bruta é um indicador que corresponde ao percentual de cada real de venda que restou após a empresa ter deduzido os custos das vendas.

Margem bruta = lucro bruto ÷ vendas líquidas

É muito importante analisarmos a evolução da margem bruta de uma empresa ao longo do tempo. A margem bruta está relacionada com a margem de contribuição unitária (preço menos custo variável unitário) e a quantidade vendida de cada produto. A margem de contribuição unitária depende do estágio do ciclo de vida de cada produto. Por exemplo, normalmente os produtos em estágio de vida introdutório costumam trabalhar com margens de contribuição unitárias elevadas em função da pouca concorrência verificada.

Com a evolução do ciclo de vida, as margens unitárias tendem a decrescer em função da presença de novos entrantes com produtos substitutos. Nessa fase, é normal que o volume vendido aumente para compensar as margens decrescentes. À medida que o produto vai atingindo a maturidade do ciclo de vida, as margens unitárias se tornam pequenas, e o volume de vendas, grande. Nesse momento, o resultado deixa de se basear nas margens unitárias e passa a se basear no volume ou giro.

Tomemos como exemplo a margem bruta das Lojas Renner nos anos 2014 a 2016, expressa na tabela 35.

Tabela 35

Evolução da margem bruta das Lojas Renner

	2014	2015	2016
Lucro bruto (R$ milhões)	3.050,91	3.633,85	3.876,50
Vendas líquidas (R$ milhões)	5.216,82	6.145,20	6.451,58
Margem bruta = lucro bruto ÷ vendas líquidas	58,5%	59,1%	60,1%

Fonte: <www.confiancetec.com>. Acesso em: 19 abr. 2017.

A margem bruta apresentou uma ligeira melhora em 2015 e nova melhora em 2016.

Na tabela 36, é apresentada a margem bruta de 18 empresas, de 2012 a 2016.

Tabela 36

Margem bruta de empresas de capital aberto negociadas em bolsa de valores

	2012	2013	2014	2015	2016
Alpargatas	42,3%	41,5%	40,4%	42,6%	44,4%
BRF	22,6%	24,8%	29,3%	31,3%	22,3%
Cielo	65,9%	62,1%	60,5%	52,3%	51,3%
CCR	56,2%	53,4%	44,4%	38,1%	34,3%
Copel	22,9%	23,3%	19,8%	19,9%	21,9%
Fibria	15,2%	22,2%	21,7%	41,7%	26,1%
Grendene	46,9%	45,4%	45,9%	48,5%	48,7%
Gerdau	12,5%	12,9%	12,1%	9,8%	9,2%
Kroton	45,7%	54,2%	56,5%	57,4%	58,9%
Localiza	26,3%	30,3%	30,4%	31,5%	29,1%
Lojas Renner	**57,7%**	**57,3%**	**58,5%**	**59,1%**	**60,1%**
Pão de Açúcar	27,1%	26,0%	25,9%	23,5%	23,0%
Petrobras	25,2%	23,3%	23,9%	30,6%	31,8%
Natura	70,6%	70,2%	69,6%	69,4%	69,1%
Suzano	22,3%	26,3%	26,3%	39,5%	33,5%
TOTVS	67,7%	66,4%	66,2%	63,0%	59,9%
Vale	44,4%	48,3%	33,1%	19,7%	35,4%
Weg	30,5%	32,8%	31,7%	28,3%	28,1%

Fonte: <www.confiancetec.com>. Acesso em: 19 abr. 2017.

Margem da atividade

A margem da atividade corresponde ao percentual de cada real de venda que restou após a empresa ter deduzido os custos e despesas operacionais, como as despesas administrativas e de vendas.

Margem atividade = lucro da atividade ÷ vendas líquidas

Na apuração do lucro da atividade não são deduzidas as despesas financeiras nem somadas as receitas financeiras, isto é, o lucro da atividade corresponde ao verdadeiro lucro operacional da empresa, resultado esse gerado pelos seus ativos e determinado exclusivamente pelas decisões de investimentos. O lucro da atividade ajustado não deve contemplar receitas e despesas não recorrentes.

Um aumento na margem da atividade pode ser originado por diferentes motivos, tais como:

- crescimento de preços de venda;
- elevação das quantidades vendidas à medida que a empresa ocupa sua capacidade produtiva, diluindo os custos fixos e reduzindo o custo unitário de produção;
- redução nos custos de produção e nas despesas operacionais.

Uma queda na margem da atividade pode ser provocada por diferentes questões, destacando-se:

- queda de preços de venda;
- queda nas quantidades vendidas (a empresa não tem como reduzir custos fixos na mesma proporção que reduzem-se as vendas, pois a parcela de custos fixos independe da quantidade produzida);
- elevação de custos de produção e despesas operacionais.

A tabela 37 mostra que a margem da atividade ajustada das Lojas Renner se manteve estável e próxima de 19%.

Tabela 37

Evolução da margem da atividade ajustada das Lojas Renner

	2014	2015	2016
Lucro da atividade (R$ milhões)	990,51	1.214,39	1.237,90
Vendas líquidas (R$ milhões)	5.216,82	6.145,20	6.451,58
Margem da atividade = lucro da atividade ÷ vendas líquidas	18,99%	19,76%	19,19%

Fonte: <www.confiancetec.com>. Acesso em: 19 abr. 2017.

Na tabela 38, são apresentadas as margens da atividade de 18 empresas, no período de 2012 a 2016.

Tabela 38

Margem da atividade ajustada de empresas de capital aberto

	2012	2013	2014	2015	2016
Alpargatas	11,1%	10,3%	9,3%	8,9%	11,7%
BRF	4,8%	6,4%	11,9%	13,5%	5,3%
Cielo	51,0%	47,3%	44,2%	38,9%	37,1%
CCR	43,2%	42,6%	34,9%	30,1%	27,2%
Copel	15,7%	16,5%	14,9%	13,4%	14,3%
Fibria	5,7%	12,8%	12,5%	34,7%	18,2%
Grendene	21,5%	18,8%	20,6%	18,3%	19,5%
Gerdau	6,2%	6,8%	7,4%	4,1%	3,4%
Kroton	17,3%	27,8%	27,6%	28,4%	29,9%
Localiza	14,6%	18,7%	18,7%	18,8%	17,3%
Lojas Renner	**18,7%**	**18,9%**	**19,9%**	**20,6%**	**19,19%**
Pão de Açúcar	5,9%	5,1%	5,9%	2,6%	1,9%
Petrobras	11,2%	10,9%	8,4%	11,0%	14,3%
Natura	21,6%	20,2%	18,4%	15,9%	13,7%
Suzano	9,7%	15,3%	16,7%	31,0%	25,0%
TOTVS	20,9%	19,9%	20,0%	12,0%	9,7%
Vale	27,8%	37,3%	21,8%	11,1%	29,7%
Weg	13,1%	14,8%	14,0%	11,9%	11,4%

Fonte: <www.confiancetec.com>. Acesso em: 19 abr. 2017.

Margem EBITDA

A margem EBITDA corresponde ao percentual de cada real de venda que restou após a empresa ter deduzido os custos e despesas operacionais desembolsáveis.

Margem EBITDA = EBITDA ÷ vendas líquidas

A margem EBITDA das Lojas Renner se manteve estável em torno de 24%, conforme pode ser visto na tabela 39.

Tabela 39

Evolução da margem EBITDA das Lojas Renner

	2014	2015	2016
EBITDA (R$ milhões)	1.203,20	1.479,20	1.549,20
Vendas líquidas (R$ milhões)	5.216,82	6.145,20	6.451,58
Margem EBITDA = EBITDA ÷ vendas líquidas	23,06%	24,07%	24,01%

Fonte: <www.confiancetec.com>. Acesso em: 19 abr. 2017.

Margem líquida

A margem líquida corresponde ao percentual de cada real de venda que restou após a empresa ter deduzido todas as suas despesas, inclusive financeiras, resultado de equivalência patrimonial, despesas e receitas não operacionais e imposto de renda.

Margem líquida = lucro líquido ÷ vendas líquidas

Usando como exemplo as Lojas Renner na tabela 40, observa-se que a margem líquida atingiu 9,69% em 2016, com uma ligeira melhora em relação a 2014 e 2015.

Tabela 40

Evolução da margem líquida das Lojas Renner

	2014	2015	2016
Lucro líquido (R$ milhões)	471,42	578,84	625,06
Vendas líquidas (R$ milhões)	5.216,82	6.145,20	6.451,58
Margem líquida = lucro líquido ÷ vendas líquidas	9,04%	9,42%	9,69%

Fonte: <www.confiancetec.com>. Acesso em: 19 abr. 2017.

Na tabela 41, é apresentada a margem líquida de 18 empresas no período de 2012 a 2016.

Tabela 41

Margem líquida de empresas de capital aberto negociadas em bolsa de valores

	2012	2013	2014	2015	2016
Alpargatas	9,3%	9,0%	7,7%	6,4%	8,8%
BRF	2,9%	3,5%	7,7%	9,7%	-1,1%
Cielo	42,8%	39,8%	41,8%	32,8%	34,0%
CCR	20,7%	22,7%	18,2%	9,3%	16,4%
Copel	8,5%	12,0%	9,6%	8,6%	7,2%
Fibria	-11,3%	-10,1%	2,3%	3,5%	17,3%
Grendene	22,8%	19,8%	21,7%	24,5%	31,0%
Gerdau	3,9%	4,2%	3,5%	-10,5%	-7,7%
Kroton	14,4%	25,6%	26,5%	26,5%	35,6%
Localiza	7,6%	11,0%	10,5%	10,2%	9,2%
Lojas Renner	**9,2%**	**9,3%**	**9,0%**	**9,4%**	**9,69%**
Pão de Açúcar	2,3%	2,4%	2,7%	-0,4%	-2,6%
Petrobras	7,4%	7,5%	-6,3%	-12,1%	-5,7%
Natura	13,6%	12,1%	10,0%	6,6%	3,9%
Suzano	-3,5%	-3,9%	-3,6%	-9,1%	17,1%
TOTVS	14,7%	13,8%	14,8%	10,2%	7,0%
Vale	9,9%	-0,3%	0,2%	-53,8%	14,1%
Weg	10,8%	12,4%	12,3%	11,9%	12,0%

Fonte: <www.confiancetec.com>. Acesso em: 19 abr. 2017.

Índices de rentabilidade

Os indicadores de rentabilidade medem a eficiência dos ativos quando comparam o resultado da empresa (resultado da atividade ou resultado líquido) com o ativo e a rentabilidade obtida pelos acionistas quando comparam o lucro com o patrimônio líquido.

Retorno sobre o ativo (ROA, do inglês *return on assets*)

Retorno sobre o ativo = lucro líquido ÷ ativo total médio

Esse índice tem por objetivo medir a porcentagem do lucro líquido gerado em relação ao investimento total, ou seja, o ativo.

Exemplo: tomemos, ainda, as Lojas Renner nos anos 2014 a 2016, conforme a tabela 42.

Tabela 42

Evolução do retorno sobre o ativo das Lojas Renner

	2014	2015	2016
Lucro líquido (R$ milhões)	471,42	578,84	625,06
Ativo total médio (R$ milhões)	4.621,76	5.359,63	5.896,79
ROA = lucro líquido ÷ ativo total médio	10,2%	10,8%	10,6%

Fonte: <www.confiancetec.com>. Acesso em: 22 abr. 2017.

A rentabilidade do ativo subiu de 10,2% em 2014 para 10,8% em 2015 e teve uma leve queda em 2016, para 10,6%.

A tabela 43 mostra o retorno sobre o ativo de 18 empresas, entre 2012 a 2016.

Tabela 43

ROA de empresas de capital aberto negociadas em bolsa de valores

	2012	2013	2014	2015	2016
Alpargatas	10,6%	9,7%	8,4%	6,9%	9,6%
BRF	2,7%	3,4%	6,5%	8,2%	-0,9%
Cielo	32,2%	22,8%	21,8%	12,7%	14,4%
CCR	8,5%	10,1%	8,4%	3,9%	7,0%
Copel	3,6%	5,0%	5,3%	4,5%	3,2%
Fibria	-2,5%	-2,6%	0,6%	1,3%	5,3%
Grendene	19,9%	18,6%	19,4%	18,7%	20,2%
Gerdau	2,9%	3,1%	2,5%	-6,4%	-4,9%
Kroton	5,4%	13,1%	10,2%	8,5%	10,8%
Localiza	6,3%	8,9%	8,1%	7,0%	6,2%
Lojas Renner	**11,1%**	**10,5%**	**10,2%**	**10,8%**	**10,6%**
Pão de Açúcar	3,4%	4,0%	4,5%	-0,6%	-2,5%
Petrobras	3,2%	3,1%	-2,7%	-4,0%	-1,6%
Natura	18,9%	14,9%	10,8%	5,7%	3,7%
Suzano	-0,8%	-0,8%	-0,9%	-3,3%	5,8%
TOTVS	15,2%	14,1%	13,6%	8,2%	6,1%
Vale	3,6%	-0,1%	0,1%	-13,1%	4,0%
Weg	7,5%	8,7%	9,0%	8,5%	8,4%

Fonte: <www.confiancetec.com>. Acesso em: 22 abr. 2017.

Rentabilidade sobre o capital investido (ROIC, do inglês *return on invested capital*)

Esse indicador é calculado com base na relação entre o resultado gerado pelo ativo operacional (NOPAT, do inglês *net operating profit after tax* ou NOPLAT, *net operating profit less adjusted after taxes*) e o montante dos investimentos operacionais (ativo operacional) essenciais às atividades-fim da empresa, conforme equação a seguir:

$$ROIC = \frac{NOPAT}{ativo\ operacional\ médio}$$

onde NOPAT = lucro da atividade ajustado × (1 – t), sendo t = alíquota do IR e CSLL para empresas tributadas com base no regime de lucro real.

O ativo operacional corresponde à parte mais importante do ativo de uma empresa, pois é esse ativo que gera o lucro da atividade. É composto pelo imobilizado líquido, ativo biológico, intangível líquido e a necessidade de capital de giro – parcela do ativo circulante operacional (cíclico) que não é financiada pelo passivo circulante operacional (cíclico).

Conforme pode ser observado na tabela 44, a rentabilidade sobre o capital investido das Lojas Renner oscilou em torno de 21% de 2014 a 2016.

Tabela 44

Evolução do retorno sobre o capital investido das Lojas Renner

	2014	2015	2016
NOPAT (R$ milhões)	653,74	801,50	817,01
Ativo operacional médio (R$ milhões)	3.054,86	3.727,91	3.946,93
ROIC	21,4%	21,5%	20,7%

Fonte: <www.confiancetec.com>. Acesso em: 22 abr. 2017.

A tabela 45 apresenta o retorno sobre o capital investido de 18 empresas, de 2012 a 2016.

Tabela 45

Retorno sobre o capital investido de empresas de capital aberto

	2012	2013	2014	2015	2016
Alpargatas	17,0%	14,7%	12,1%	10,0%	13,1%
BRF	4,7%	6,3%	11,8%	15,0%	8,3%
Cielo	69,0%	42,1%	35,4%	13,7%	14,0%
CCR	19,2%	22,2%	18,3%	14,2%	12,6%
Copel	8,7%	9,3%	11,7%	9,1%	7,3%

▼

▼

	2012	2013	2014	2015	2016
Fibria	1,7%	4,4%	3,1%	12,2%	5,3%
Grendene	24,8%	20,3%	20,5%	17,6%	17,9%
Gerdau	3,9%	4,2%	4,6%	3,4%	3,0%
Kroton	5,4%	11,7%	8,1%	6,9%	7,3%
Localiza	11,5%	15,4%	16,2%	14,3%	12,4%
Lojas Renner	**23,5%**	**21,1%**	**21,4%**	**21,5%**	**20,7%**
Pão de Açúcar	10,3%	11,5%	14,9%	6,0%	4,3%
Petrobras	4,1%	3,8%	3,3%	3,8%	6,2%
Natura	63,1%	45,7%	34,5%	29,5%	25,6%
Suzano	2,8%	4,3%	5,5%	13,6%	7,0%
TOTVS	25,1%	22,7%	22,1%	12,5%	8,7%
Vale	8,4%	11,4%	5,6%	3,6%	8,1%
Weg	10,0%	12,1%	11,9%	10,2%	9,4%

Fonte: <www.confiancetec.com>. Acesso em: 22 abr. 2017.

Rentabilidade sobre o capital próprio (ROE, do inglês *return on equity*)

$$ROE = \frac{lucro\ líquido}{patrimônio\ líquido\ médio}$$

O indicador ROE expressa o retorno sobre o patrimônio líquido e é utilizado para medir o desempenho econômico da empresa para seus acionistas. Indica quanto os acionistas do negócio ganharam para cada R$ 100 investidos. Como o patrimônio líquido pode ter tido alguma alteração por conta de aumento de capital, retirada de capital ou distribuição de dividendos, devemos considerar no denominador da fórmula o valor do patrimônio líquido médio.

No exemplo da tabela 46, utilizando o ROE das Lojas Renner, observa-se que o índice se manteve em torno de 27,5%, valor um pouco abaixo do obtido no ano anterior.

Tabela 46

Evolução do índice do prazo médio de pagamento das Lojas Renner

	2014	2015	2016
Lucro líquido	471,42	578,84	625,06
Patrimônio líquido médio	1.654,11	2.104,87	2.385,73
ROE	28,5%	27,5%	26,2%

Fonte: <www.confiancetec.com>. Acesso em: 22 abr. 2017.

A tabela 47 mostra o retorno sobre o capital próprio de 18 empresas no período de 2012 a 2016.

Tabela 47

Retorno sobre o capital próprio (ROE): empresas de capital aberto

	2012	2013	2014	2015	2016
Alpargatas	17,6%	17,5%	14,6%	14,2%	18,7%
BRF	5,7%	7,2%	14,6%	21,9%	-3,0%
Cielo	113,8%	95,8%	84,7%	61,5%	48,1%
CCR	35,1%	38,4%	38,3%	21,7%	45,3%
Copel	5,7%	8,5%	9,1%	8,6%	6,4%
Fibria	-4,7%	-4,8%	1,1%	2,5%	11,8%
Grendene	23,1%	21,9%	22,8%	22,3%	23,0%
Gerdau	5,3%	5,5%	4,5%	-13,3%	-10,6%
Kroton	9,1%	20,6%	14,0%	11,5%	13,9%
Localiza	19,4%	26,7%	26,3%	21,9%	19,4%
Lojas Renner	**29,8%**	**30,2%**	**28,5%**	**27,5%**	**26,2%**
Pão de Açúcar	12,9%	11,7%	12,5%	2,5%	-4,8%
Petrobras	6,2%	6,9%	-6,3%	-12,1%	-5,7%
Natura	77,4%	83,3%	69,5%	49,9%	33,1%
Suzano	-1,7%	-2,0%	-2,5%	-9,9%	16,0%
TOTVS	24,8%	22,4%	24,2%	16,6%	12,3%
Vale	6,3%	0,1%	0,6%	-29,4%	10,4%
Weg	16,9%	19,7%	20,1%	20,4%	19,1%

Fonte: <www.confiancetec.com>. Acesso em: 22 abr. 2017.

O impacto do endividamento sobre o retorno do capital próprio

O retorno sobre o patrimônio líquido (ROE) depende dos resultados gerados pelos projetos (lucro da atividade) e do mix de financiamentos utilizado pela empresa. Se a empresa consegue gerar uma taxa de retorno do ativo operacional (ROIC) superior à taxa de financiamento da dívida, a taxa de retorno sobre o capital próprio fica acima da taxa de retorno do ativo operacional e vice-versa. Desse modo, diz-se que a alavancagem financeira é favorável quando a rentabilidade do ativo é maior do que o custo do capital de terceiros, e é desfavorável quando o custo da dívida é maior do que a taxa de retorno de seus ativos.

Assim, podemos decompor o retorno sobre o patrimônio líquido em duas partes: retorno sobre o capital investido e o ganho (ou perda) gerado pela alavancagem financeira, conforme demonstrado a seguir:

$$ROE = \frac{lucro\ líquido}{patr.\ líquido}$$

$$lucro\ líquido = EBIT - despesas\ financeiras - imp.\ renda$$

$$imp.\ renda = t \times LAIR$$
$$imp.\ renda = t \times (EBIT - despesas\ financeiras)$$

$$lucro\ líquido = EBIT - despesas\ financeiras - imp.\ renda$$

$$lucro\ líquido = EBIT - despesas\ financeiras - t \times (EBIT - despesas\ financeiras)$$

$$lucro\ líquido = (EBIT - despesas\ financeiras) \times (1 - t)$$

$$lucro\ líquido = EBIT \times (1 - t) - despesas\ financeiras \times (1 - t)$$

$$lucro\ líquido = NOPAT - despesas\ financeiras \times (1 - t)$$

$$lucro\ líquido = NOPAT \times \frac{capital\ empregado}{capital\ empregado} - despesas\ financeiras \, . \, (1 - t)$$

$$lucro\ líquido = \left[\frac{NOPAT}{cap.\ empregado} \times cap.\ empregado\right] - despesas\ financeiras \, . \, (1 - t)$$

$$capital\ empregado = NCG + imobilizado\ líquido + intangível\ líquido$$

$$ou\ capital\ empregado = passivo\ financeiro + patr.\ líquido$$

$$lucro\ líquido = ROIC \times (dívida + PL) - desp.\ financeiras \times (1 - t)$$

$$lucro\ líquido = ROIC\ dívida + ROIC \times patr.\ líquido - desp.\ financeiras \times (1 - t)$$

$$\frac{lucro\ líquido}{patr.\ líquido} = ROIC + \frac{dívida}{patr.\ líquido} \times ROIC + \frac{desp.\ financeiras \times (1 - t)}{patr.\ líquido}$$

$$ROE = ROIC + \frac{dívida}{patr.\ líquido} \times ROIC + \frac{dívida}{dívida} \times \frac{desp.\ financeiras \times (1 - t)}{patr.\ líquido}$$

$$ROE = ROIC + \frac{dívida}{patr.\ líquido} \times ROIC + \frac{dívida}{patr.\ líquido} \times \frac{desp.\ financeiras \times (1 - t)}{dívida}$$

$$ROE = ROIC + \frac{D}{E} \times (ROIC - cct \times (1 - t))$$

sendo:
D (*debt*) = dívida
E (*equity*) = patrimônio líquido

Exercício

Suponhamos uma empresa cujo ativo operacional seja de R$ 1.000.000 e que este gere no ano um lucro da atividade igual R$ 200.000. A empresa é tributada com base no regime de lucro real e a alíquota do imposto de renda (IR) e contribuição social (CSLL) é de 34%.

Vamos analisar qual das quatro alternativas a seguir é a melhor em termos de financiamento. Estamos considerando que a taxa de juros paga pela empresa cresce à medida que ela fica mais endividada, devido ao maior risco para o banco.

% de dívida sobre ativo	0%	50%	70%	80%
Taxa de juros (% ao ano)	11%	13%	15,7%	21%

Solução

Ativo operacional	1.000.000	1.000.000	1.000.000	1.000.000
Dívida financeira	0	500.000	700.000	800.000
Patrimônio líquido	1.000.000	500.000	300.000	200.000
D/E	0	1,0	2,33	4,0
Lucro da atividade	200.000	200.000	200.000	200.000
(–) Despesas financeiras	0	65.000	109.900	168.000
LAIR	200.000	135.000	90.100	32.000
(–) Imposto de renda e CSLL	68.000	45.900	30.634	10.880
Lucro líquido	132.000	89.100	59.466	21.120
ROE = $\frac{LL}{PL}$	13,2%	17,82%	19,82%	10,56%
ROIC = $\frac{NOPAT}{Ativo}$	13,2%	13,2%	13,2%	13,2%
cct × (1 – t)	0%	8,58%	10,36%	13,86%

Comentários

Se a empresa se financiar com 100% de capital próprio, a rentabilidade do capital próprio é igual ao retorno do ativo (ROIC), conforme demonstrado a seguir:

$$ROE = ROIC + \frac{D}{E} \times (ROIC - cct \times (1 - t))$$

$$ROE = 13{,}2\% + 0 \times (13{,}2\% - 11\% \times (1 - 0{,}34)) = 13{,}2\%$$

Se a empresa financiar 50% do seu ativo com recursos próprios (e naturalmente os outros 50% com recursos de terceiros), cairá o lucro líquido, pois ela passará a ter despesas financeiras. Apesar da queda do lucro líquido, crescerá a rentabilidade sobre o capital próprio pois o patrimônio líquido passará a ser a metade do que era no caso anterior. A rentabilidade sobre o capital próprio (ROE) ficará acima da rentabilidade sobre o capital investido (ROIC), conforme demonstrado a seguir:

$$ROE = ROIC + \frac{D}{E} \times (ROIC - cct \times (1 - t))$$

$$ROE = 13{,}2\% + 1 \times (13{,}2\% - 13\% \times (1 - 0{,}34)) = 17{,}82\%$$

Percebemos também que a partir de determinado nível de endividamento cai a rentabilidade sobre o capital próprio devido ao aumento da taxa de juros. Assim, por exemplo, se a empresa se financiar com 80% de dívida, a rentabilidade sobre o capital próprio fica em 10,56%.

Podemos, pois, concluir que, em princípio, o endividamento é favorável para empresa, pois o custo da dívida é menor do que o custo dos acionistas, e a empresa, à medida que se endivida, paga menos imposto de renda e contribuição social. No entanto, existe um limite para o endividamento, pois, ao ficar muito endividada, a empresa se torna mais arriscada, elevando assim não apenas o custo da dívida com o aumento da taxa de juros, mas também o custo do capital próprio.

Valor econômico adicionado do ativo operacional

O indicador EVA (valor econômico adicionado) foi criado pela consultoria norte-americana Stern & Stewart Company para avaliar se ela própria está conseguindo criar ou destruir valor para seus acionistas.

O gestor toma decisões de investimentos e financiamentos com o objetivo de gerar riqueza para seus acionistas. A geração de valor acontece quando os investimentos geram uma taxa de retorno (ROIC) superior ao custo de capital da empresa.

O custo de capital ou custo médio ponderado de capital (WACC – do inglês *weighted average cost of capital*) é, na realidade, a média ponderada entre o custo da dívida (cct) e o custo requerido dos acionistas (ccp), conforme equação a seguir:

$$CMPC = [\%\ capital\ próprio \times ccp] + [\%\ capital\ de\ terceiros \times cct \times (1 - t)]$$

onde:

$$\%\ \text{capital próprio} = \frac{patr.\ líquido}{patr.\ líquido + dívida}$$

ccp = custo do capital próprio

$$\%\ \text{capital de terceiros} = \frac{dívida}{patr.\ líquido + dívida}$$

cct = custo do capital de terceiros
t = alíquota do imposto de renda e contribuição social para empresas tributadas pelo regime de lucro real

O custo do capital de terceiros está explicitado na demonstração de resultados e pode ser calculado com base na fórmula a seguir:

$$Custo\ do\ capital\ de\ terceiros = \frac{despesas\ financeiras}{dívida\ financeira\ média}$$

O custo do capital próprio não aparece na demonstração de resultados por ser mais subjetivo. Trata-se, na realidade, do retorno requerido pelos acionistas. Como é mais arriscado ser sócio de uma empresa do que emprestar dinheiro a ela (quem empresta normalmente exige garantias), o custo do capital próprio se torna maior do que o custo do capital de terceiros. Esse retorno esperado (ccp) requer a utilização de um modelo e, por isso, acaba sendo mais subjetivo. O modelo parte de dois componentes, com base na fórmula a seguir:

$$ccp = \text{taxa livre de risco} + \text{prêmio de risco}$$

A taxa livre de risco revela quanto o acionista poderia ganhar aplicando num título do governo. Esse é o patamar mínimo exigido pelos sócios. A questão é que a empresa certamente tem mais risco do que o governo, e por isso devemos adicionar o prêmio de risco.

O modelo mais conhecido para construir o custo do capital próprio é o modelo CAPM (*capital asset pricing model*) e é calculado com base na fórmula a seguir:

$$ccp = Rf + (Rm - Rf) \times \beta$$

onde:
Rf (*risk free*) é a taxa livre de risco
(Rm – Rf) é o prêmio de mercado
β é o índice beta

O prêmio de mercado nos diz qual é a diferença histórica entre o retorno da bolsa (Rm) e o retorno do título do governo (Rf).

O beta é a medida de risco que nos diz a sensibilidade da ação da empresa em relação ao índice de mercado. Empresas com beta maior que 1 são mais arriscadas do que a média, e empresas com beta menor do que 1 são menos arriscadas do que a média.

O beta depende, basicamente, de três fatores fundamentais:

1) *Volatilidade das vendas*. Empresas que vendem produtos ou serviços considerados mais supérfluos têm um faturamento mais volátil, ou seja, são mais arriscadas.

2) *Peso do custo fixo*. Empresas que trabalham com um patamar mais elevado de custos fixos sofrem mais quando a economia desacelera ou entra em recessão, pois não têm como reduzir custos fixos e, assim, caem a margem da atividade e o resultado.
3) *Tamanho da dívida*. A dívida gera na prática um custo fixo, pois as despesas financeiras e a amortização do principal terão de ser pagos independentemente de a empresa estar vendendo muito ou pouco. Assim, quanto mais dívida, maior é o risco e maior tem de ser o beta.

EVA do ativo operacional

O valor econômico adicionado revela se o ativo operacional da empresa gerou um resultado superior ao custo do capital investido.

Tomemos o exemplo de uma empresa que terminou o último ano com a demonstração de resultados a seguir:

Vendas brutas	2.000.000		
- Impostos sobre vendas	300.000		
Vendas líquidas	1.700.000		
- Custos desembolsáveis	920.000		
- Despesas comerciais	180.000		
- Despesas administrativas	220.000		
EBITDA	380.000		
- Depreciação / amortização	100.000		
Lucro da atividade	280.000		
- Despesas financeiras	108.000	←	**Custo do capital de terceiros**
Lucro antes do IR	172.000		
- IR e CSLL	58.480		
Lucro líquido	113.520		

O balanço patrimonial ajustado aparece a seguir:

Ativo operacional		Dívidas + PL	
Investimento no giro	300.000	Dívidas	720.000
Imobilizado	800.000		
Intangível	700.000	Patrimônio líquido	1.080.000

Suponhamos que a taxa livre de risco seja igual a 11% ao ano e o prêmio de risco é de 9%. Assim, sem precisarmos entrar no modelo CAPM, temos que o custo do capital próprio pode ser calculado de forma simplificada como:

$$ccp = \textit{taxa livre de risco} + \textit{prêmio de risco} = 20\% \textit{ ao ano}$$

O custo do capital de terceiros está explicitado na DRE, conforme abaixo:

$$\text{cct} = \frac{\textit{despesas financeiras}}{\textit{dívida financeira}} = \frac{108.000}{720.000} = 15\% \text{ ao ano}$$

Assim temos:

$$\text{CMPC} = [\frac{\textit{pat. líquido}}{\textit{patr. líquido + dívida}} \times \text{ccp}] + [\frac{\textit{dívida}}{\textit{patr. líquido + dívida}} \times \text{cct} \times (1 - \text{t})]$$

$$\text{CMPC} = [\frac{1.080.000}{1.080.000 + 720.000} \times 0{,}20] + [\frac{720.000}{1.080.000 + 720.000} \times 0{,}15 \times (1 - 0{,}34)]$$

$$\text{CMPC} = [0{,}6 \times 0{,}2] + [0{,}4 \times 0{,}099] = 15{,}96\% \text{ ao ano}$$

Vamos calcular agora a rentabilidade sobre o capital investido (ROIC):

$$\text{ROIC} = \frac{\textit{NOPAT}}{\textit{ativo operacional}} = \frac{\textit{lucro da atividade} \times (1 - t)}{\textit{ativo operacional}} = \frac{280.000 \times (1 - 0{,}34)}{1.800.000} =$$

$$= \frac{184.800}{1.800.000} = \text{ROIC} = 10{,}27\%$$

Podemos verificar que a taxa de retorno (ROIC) ficou abaixo do custo de capital (CMPC), o que é um indicativo de que a empresa não conseguiu gerar riqueza, apesar de ter gerado lucro líquido no ano. O que então podemos constatar é que a demonstração de resultados não consegue nos indicar se a empresa conseguiu, no período, atingir seu principal objetivo, que é a geração de valor. Para obtenção do lucro líquido deduzimos apenas uma parte do custo de capital da empresa, que é o custo da dívida, expresso nas despesas financeiras. O custo do capital próprio, que é, inclusive, mais caro que o capital de terceiros, não aparece na demonstração de resultados.

Para preencher essa lacuna, surgiu o indicador EVA, que expressa o valor econômico adicionado da empresa, ou seja, o lucro econômico. Assim, sempre que a rentabilidade sobre o capital investido (ROIC) for superior ao custo de capital (CMPC), teremos lucro econômico, ou seja, EVA positivo.

O EVA considera, em seu cálculo, todos os custos, inclusive o custo do capital próprio, conforme abaixo:

EVA = NOPAT – custo do capital empregado
EVA = lucro da atividade × (1 – t) – [ativo operacional inicial × CMPC]

Podemos entender que o custo do capital empregado é uma espécie de valor do aluguel teórico do ativo operacional. Assim, se a empresa do nosso exemplo tem um ativo operacional de R$ 1.800.000,00 e se o custo de capital é de 15,96% ao ano, podemos concluir que o ativo operacional está custando R$ 287.280,00 por ano (15,96% × R$ 1.800.000,00). Esses R$ 287.280,00 representam o valor teórico do aluguel do ativo. Assim, para a empresa gerar valor econômico, o lucro da atividade após os impostos tem de cobrir o valor desse aluguel, caso contrário, a empresa, mesmo que esteja gerando lucro líquido, não estará conseguindo gerar riqueza.

Desse modo, em nosso exemplo temos:

EVA = lucro da atividade × (1 – t) – [ativo operacional inicial × CMPC]
EVA = 280.000 × (1 – 0,34) – [1.800.000 × 15,96%]
EVA = 184.800 – 287.280
EVA = –102.480

De fato, como o ROIC de 10,27% é menor que o CMPC de 15,96%, o EVA tinha mesmo de ser negativo.

Vamos demonstrar agora que isso não é uma coincidência, ou seja, sempre que o ROIC for menor do que o CMPC, teremos um EVA negativo, e sempre que o ROIC for maior do que o CMPC, teremos um EVA positivo.

Se tomarmos a fórmula original e dividirmos os dois lados da equação pelo ativo operacional, teremos:

EVA = lucro da atividade × (1 – t) – [ativo operacional inicial × CMPC]

$$\frac{EVA}{ativo\ operac.\ inicial} = \frac{lucro\ da\ atividade \times (1 - t)}{ativo\ operac.\ inicial} - \frac{(ativo\ operac.\ inicial \times CMPC)}{ativo\ operac.\ inicial}$$

$$\frac{EVA}{ativo\ operac.\ inicial} = ROIC - CMPC$$

$$EVA = ativo\ operacional\ inicial \times (ROIC - CMPC)$$

Assim, podemos ver que o ativo operacional é sempre positivo e, consequentemente, podemos concluir que, se o ROIC é maior do que o CMPC, teremos um EVA positivo e vice-versa.

Para calcularmos o ativo operacional devemos considerar os passivos circulantes operacionais (aqueles que não possuem encargos ou cujo encargo se encontra embutido no custo dos produtos vendidos, como acontece com a conta de fornecedores) como redutores dos ativos circulantes operacionais. Ou seja, o ativo operacional seria o somatório de três grupos: investimento operacional no giro (ativo circulante operacional menos passivo circulante operacional), ativo imobilizado líquido e ativo intangível líquido. Tal ativo é financiado por recursos próprios e de terceiros (passivo não circulante financeiro).

O lucro econômico surge quando uma empresa obtém uma taxa de retorno sobre o capital investido acima do seu custo médio ponderado de capital. Se o custo de capital supera o ROIC, cria-se uma situação insustentável no médio e no longo prazos, o que provoca uma redução progressiva do valor de mercado da empresa, empobrecendo os acionistas e aumentando o risco empresarial.

A rentabilidade sobre o capital investido (ROIC) quantifica o retorno produzido pelas decisões de investimento e, assim, nos permite fazer uma avaliação sobre a atratividade econômica do negócio. O ativo operacional é o responsável pela geração do lucro antes dos juros e imposto de renda (lucro da atividade da empresa). Tal ativo é financiado por recursos próprios e de terceiros (passivo financeiro). A rentabilidade sobre o capital investido costuma ser mais elevada em setores mais arriscados. Por outro lado, em setores menos arriscados a rentabilidade costuma ser menor.

A rentabilidade sobre o capital investido é, normalmente, utilizada para comparar a eficiência operacional de empresas do mesmo ramo de negócio.

Quando ROIC de determinado setor está acima da curva, conforme a figura 2, a tendência é de queda na rentabilidade devido ao ingresso de novas empresas. Por exemplo, determinado setor A que possua uma rentabilidade acima do que seria a rentabilidade exigida para seu nível de risco tenderá a atrair novos concorrentes, o que forçará um aumento da oferta, queda de preços e rentabilidade no futuro.

Figura 2
Análise do ROIC

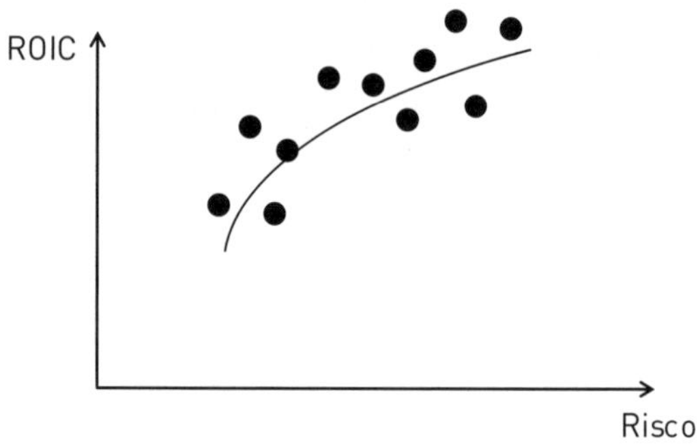

Por outro lado, quando o ROIC de um setor está abaixo da curva, a tendência é de elevação da rentabilidade com a saída de algumas empresas. Por exemplo, suponhamos um setor da economia (setor B) que venha obtendo retornos abaixo do exigido para o dado nível de risco. Acionistas de algumas empresas poderão se desinteressar em continuar financiando esses investimentos e preferirão migrar para setores mais atrativos, e os que persistirem exigirão maiores reduções de custos a fim de compatibilizar o retorno com o risco associado. Com isso, haverá uma tendência de redução nos investimentos e queda na oferta, conforme pode ser observado na figura 3. No longo prazo a elevação nos preços e a redução nos custos deverão provocar futuros aumentos na rentabilidade.

O retorno sobre o capital investido (ROIC) é, na realidade, a combinação entre margem da atividade após impostos *versus* giro, conforme apresentado na figura 4.

O giro do ativo operacional é o resultado da divisão de vendas líquidas pelo capital investido. Quanto maior é o giro, maior é o nível de ocupação dos ativos e vice-versa. Ele indica quanto a empresa vendeu para cada R$ 1,00 de investimento (ativo operacional). O que todo empresário deseja é minimizar a necessidade de ativos no seu

Figura 3
ROIC: comportamento do mercado

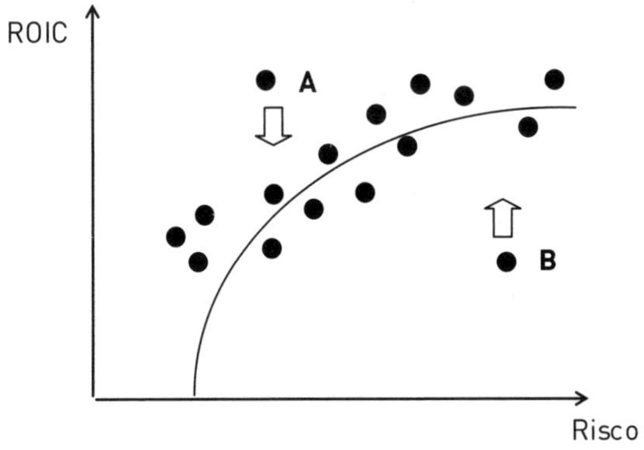

Figura 4
Fluxograma do ROIC

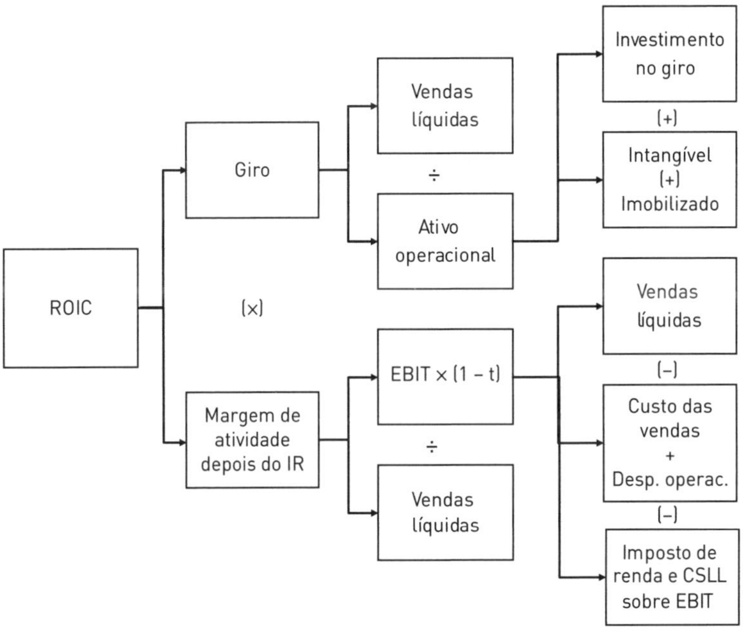

negócio para determinado nível de vendas, isto é, elevar o giro do ativo. A margem da atividade líquida mede o ganho obtido em cada venda realizada depois de deduzidos os custos e despesas operacionais.

Empresas de alta tecnologia, joalherias, mineração, metalurgia possuem normalmente altas margens e giros baixos, enquanto supermercados, distribuidoras de combustível e indústrias de alimentos trabalham com margens pequenas e giros elevados.

Uma vez que o lucro econômico surge quando uma empresa obtém uma taxa de retorno sobre o capital empregado acima do seu custo de capital, é fundamental para uma empresa, ou mesmo para uma unidade de negócios, tomar decisões que impliquem elevar a rentabilidade e/ou reduzir custo de capital.

Destacamos a seguir algumas estratégias para elevar o ROIC de uma empresa, seja pela elevação do giro, da margem ou de uma combinação melhor entre ambos:

- aumento no volume produzido (com redução no custo médio de produção devido às economias de escala);
- otimização do mix de produtos a fim de maximizar o retorno;
- controle de custos e despesas;
- redução de estoques;
- redução de instalações exageradas e ociosidade de equipamentos;
- elevação das vendas acima dos ativos;
- elevação das vendas a fim de diluir os custos fixos (elevando margem bruta).

MVA: valor presentes dos EVAs projetados

Na maioria das vezes, o desempenho global das atividades de uma empresa e de suas divisões é medido a partir de indicadores baseados em lucros, como o retorno sobre o capital investido (ROIC). É possível, no entanto, distorcer tais indicadores por meio de uma variedade de operações, com influências sobre a margem e o giro, a fim de elevar, em curto prazo, o lucro, em detrimento de metas básicas de longo prazo relacionadas ao aumento do valor econômico desses empreendimentos.

Os indicadores de desempenho podem diferir consideravelmente a cada estágio do ciclo de vida de um negócio, seja na fase de crescimento, de sustentação ou de resultados.

Negócios em expansão estão num primeiro estágio do desenvolvimento, pois têm produtos ou serviços com significativo potencial de crescimento. Para que esse crescimento ocorra, a empresa terá de comprometer parte dos recursos disponíveis para: desenvolver e lançar novos produtos e serviços; construir e expandir as instalações produtivas; desenvolver sistemas; investir em infraestrutura e redes de distribuição etc. Nesse contexto, é provável que a empresa trabalhe com uma baixa rentabilidade sobre o capital investido e, naturalmente, um EVA negativo.

Na fase de sustentação, a empresa realizará menos investimentos do que na fase anterior. Os acionistas exigirão fortes aumentos no retorno sobre o capital investido. Os administradores são orientados a maximizar as vendas para um dado capital investido (maximização do giro), maximizar as margens (via redução de custos) ou combinar melhor margem e giro a fim de maximizar o retorno.

Na terceira fase (fase de resultados) já não são necessários grandes investimentos, mas apenas o suficiente para manter as instalações e equipamentos. Os projetos podem ter um baixo *payback* e o principal objetivo é ampliar ou garantir o retorno.

Numa abordagem dinâmica, o que vale é a maximização da riqueza dos acionistas, que pode depender da renúncia de lucros atuais em troca de lucros futuros. Como as decisões empresariais não são tomadas em um quadro estático, deve-se priorizar o fluxo de lucros econômicos futuros descontados ao seu valor atual.

A Stern & Stewart registrou outra marca denominada *market value added* (MVA), ou valor de mercado agregado, que seria o valor atual dos EVAs projetados trazidos a valor presente pelo custo médio ponderado de capital da empresa, conforme pode ser visualizado na figura 5. Se o MVA for positivo, indica que a empresa agrega valor no longo prazo para seus acionistas.

Figura 5
Market value added (MVA)

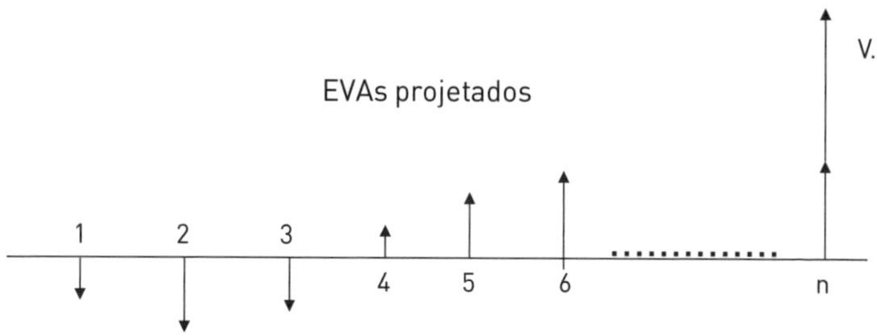

$$MVA = \frac{EVA_1}{(1+r)^1} + \frac{EVA_2}{(1+r)^2} + \frac{EVA_3}{(1+r)^3} + \ldots + \frac{EVA_n + VR}{(1+r)^n}$$

Valor econômico adicionado do ativo financeiro

Uma empresa tem ativos operacionais, como máquinas, equipamentos, edificações, sistemas, estoques, duplicatas a receber, e ativos não operacionais, como aplicações financeiras.

O ativo operacional gera riqueza quando a taxa de retorno (ROIC) é maior do que o custo de capital (CMPC).

Vamos agora analisar o valor econômico adicionado (EVA) das aplicações financeiras.

O EVA das aplicações é igual à diferença entre o resultado das aplicações após os impostos e o custo do capital empregado.

O custo do capital empregado é como se fosse o valor teórico do "aluguel" do ativo. Suponhamos que a empresa tem um ativo de R$ 1 milhão, por exemplo, e seu custo de capital é de 15% ao ano. Quanto custa esse ativo por ano? A resposta é R$ 150.000, ou seja, 15% sobre R$ 1 milhão.

A empresa capta recursos, próprios e de terceiros, que têm um custo (CMPC). Qualquer que seja o ativo que a empresa tenha investido (operacional ou financeiro) só é capaz de gerar riqueza se o resultado desse ativo, após os impostos, cobrir esse custo.

$$EVA = \textit{resultado após impostos gerado pelo ativo} - \textit{custo do capital empregado}$$

$$EVA = \textit{receita financeira} \times (1 - t) - [\textit{aplicação financeira inicial} \times CMPC]$$

$$\frac{EVA}{\textit{aplic. financ. inicial}} = \frac{\textit{receita financeira} \times (1 - t)}{\textit{aplic. financ. inicial}} - \frac{(\textit{aplic. financ. inicial} \times CMPC)}{\textit{aplic. financ. inicial}}$$

$$\frac{EVA}{\textit{aplic. financ. inicial}} = \textit{taxa de retorno das aplicações} - CMPC$$

$$EVA = \textit{saldo de aplic. financeiras inicial} \times (\textit{taxa de retorno das aplic.} - CMPC)$$

Assim, podemos concluir que aplicações financeiras de baixo risco, como títulos do governo e CDBs de bancos de primeira linha geram EVAs negativos, pois a taxa de retorno dessas aplicações é menor do que o custo médio ponderado de capital.

Isso significa que aplicações financeiras não geram riqueza; são apenas ativos de proteção. No entanto, temos diversas situações que justificam a manutenção de saldos mais elevados de aplicações financeiras, tais como:

1) Quando a empresa tem a intenção de fazer um investimento grande no futuro, ela deve se preparar para acumular recursos para financiar o investimento. Isso é importante mesmo sabendo que a empresa conseguirá obter um financiamento

de longo prazo, pois os bancos dificilmente financiam a totalidade do investimento.

2) Quando a empresa objetiva comprar uma empresa ou uma participação acionária, é importante acumular recursos com antecedência.
3) Quando a empresa tem como meta ganhar uma participação maior no mercado por meio da concessão de prazos mais longos para seus clientes (atuais e novos), precisa acumular aplicações que serão, no futuro, resgatadas para financiar o crescimento da conta duplicatas a receber.
4) Se a empresa é cíclica, com vendas que crescem quando a economia vai bem, mas caem quando a economia desacelera ou entra em recessão, é importante ter um colchão de liquidez que possa ser usado nos períodos de quedas das vendas. É o caso de empresas que vendem produtos ou serviços considerados supérfluos ou não essenciais.
5) Em momentos recessivos com elevadas taxas de juros, as empresas tendem a investir menos em imobilizado, pois nesses momentos existe uma incerteza maior com relação à demanda pelos seus produtos ou serviços. Assim, é importante ter volumes maiores de aplicações financeiras que poderão ser usadas se a recessão piorar.

O capítulo 4 vai tratar dos indicadores financeiros, notadamente da importância do capital de giro para a sustentabilidade econômica da empresa, ou seja, para dar andamento a seus projetos de forma contínua, sem necessidade de recursos onerosos. Vamos entender a dinâmica do capital de giro por meio da análise de Fleuriet.

4
Principais indicadores financeiros e o modelo Fleuriet

Uma empresa tem como objetivo básico a geração de riqueza, que é obtida quando a rentabilidade dos seus ativos é superior ao custo dos seus financiamentos. Porém, existe outro objetivo, com similar importância, só que relacionado à questão financeira. Uma empresa precisa ter capital de giro para poder tocar seus projetos e obter o almejado crescimento. As dívidas de uma empresa são pagas por meio da geração de caixa de seus ativos, mas, como normalmente ela paga antes de receber, precisa trabalhar com certo volume de capital de giro, de modo que, por meio da rotação de seu ativo circulante, ela possa gerar recursos suficientes para pagar suas dívidas de curto prazo, sem precisar recorrer a empréstimos onerosos de curto prazo.

Os ciclos do balanço

O capital de giro necessário é função direta do volume dos ativos operacionais da empresa (duplicatas a receber, estoques) e inversamente proporcional ao volume de passivos operacionais (fornecedores, obrigações fiscais e obrigações trabalhistas). Em outras palavras, empresas que demoram a produzir e vender, e também as que demoram a receber e pagam seus compromissos em prazos curtos, precisam ter um capital de giro maior.

Existe uma parcela dos recursos da empresa que está imobilizada no ativo não circulante.

A necessidade de capital de giro (investimentos que a empresa necessita fazer em duplicatas a receber, estoques, adiantamentos a fornecedores, subtraídos das fontes de recursos operacionais, isto é, fornecedores, obrigações fiscais, obrigações trabalhistas e adiantamentos de clientes) pode ser entendida, numa análise de curto prazo, como uma imobilização de recursos que a empresa faz, e que por isso deve ser financiada preferencialmente por recursos permanentes.

Esses recursos permanentes nada mais são do que o capital de giro (parcela do ativo circulante financiada por recursos permanentes).

As contas do ativo e passivo relacionam-se com o tempo. As contas do ativo não circulante são aquelas que apresentam uma movimentação muito lenta, quando analisadas em relação a um conjunto de outras contas. Assim, elas podem ser consideradas permanentes. Dentro do chamado ativo circulante, as contas mais importantes apresentam um movimento "contínuo e cíclico", e as demais apresentam um movimento "descontínuo e errático".

Ativo circulante operacional (ou ativo cíclico)

Corresponde às contas principais de investimentos espontâneos feitos pela empresa e guarda relação com suas atividades operacionais. As operações se repetem constantemente num mesmo ritmo médio, a não ser que se introduzam mudanças estruturais no processo de produção. Essas contas estão sempre girando, isto é, sua reposição é automática, no ritmo do negócio; daí serem chamadas de cíclicas.

É importante observarmos a diferença entre a nova classificação e a tradicional. Por exemplo, estoques e duplicatas a receber eram contas denominadas realizáveis na classificação tradicional, isto é, supunha-se que o empresário poderia abrir mão delas a qualquer momento.

No entanto, isso só é possível com a liquidação da empresa; quando em operação, ao ser retirado um item do estoque, outro deverá ser adquirido, caso se queira manter o mesmo nível de produção. Assim, por mais endividada que uma empresa esteja e por mais elevada que seja a taxa de juros, essa empresa, ao dar baixa em seus estoques, não pode pegar o valor obtido com a baixa para pagar sua dívida. A dívida só será paga com a empresa trabalhando e, para isso, ela precisa repor seus estoques. Enfim, os estoques não se realizam, eles simplesmente se renovam, e a dívida só será paga mediante a geração de caixa operacional. As principais contas do ativo cíclico são estoques e duplicatas a receber.

Numa empresa comercial, o nível de estoques depende do volume de compras e do prazo médio de estocagem (tempo médio que a empresa demora a vender).

No caso de uma indústria, o volume de estoques depende do volume das compras, da produção e do tempo que a empresa demora a produzir e para vender (prazo médio de estocagem de matérias-primas, produtos em elaboração e de produtos acabados).

Empresas de serviços normalmente não têm estoques relevantes. O volume de duplicatas a receber depende do volume de vendas e do prazo médio concedido a clientes. Além dessas, podemos incluir no ativo cíclico outras contas relacionadas à atividade operacional, como um caixa mínimo, adiantamento a fornecedores, despesas antecipadas e impostos a recuperar.

Temos, então:

Ativo cíclico = caixa operacional
+ duplicatas a receber
+ estoques

+ adiantamentos a fornecedores
+ impostos a recuperar
+ despesas antecipadas

Passivo operacional (ou cíclico)

Corresponde às contas principais de financiamentos espontâneos recebidos pela empresa, diretamente relacionados com a atividade operacional e que têm uma característica de renovação. A conta mais importante do passivo cíclico costuma ser a conta fornecedores, que depende do volume de compras e do prazo médio de pagamento a fornecedores, dado que os demais itens costumam vencer num prazo mais curto.

Passivo cíclico = fornecedores
+ obrigações fiscais
+ salários e encargos a pagar
+ adiantamento de clientes
+ contas a pagar (luz, telefonia, gás e água)

Necessidade de capital de giro

Quando as saídas de caixa ocorrem antes das entradas de caixa, a empresa cria uma necessidade de aplicação permanente de fundos (necessidade de capital de giro positiva), que é representada pela diferença positiva entre o ativo cíclico e o passivo cíclico.

Necessidade de capital de giro = ativo cíclico – passivo cíclico

A necessidade de capital de giro pode ser positiva (maioria dos casos) ou negativa. Quando positiva, é influenciada pelos seguintes quatro fatores:

- NCG = f (vendas)
  NCG é função (f) de vendas. Quando a NCG é positiva, ela aumenta quando as vendas aumentam; permanece constante quando as vendas não oscilam; e reduz-se quando as vendas decrescem. Quando é negativa, ela diminui quando as vendas aumentam; permanece constante quando as vendas não oscilam; e aumenta quando as vendas decrescem.
- NCG = f (prazos concedidos)
  A NCG é função (f) dos prazos concedidos. Ou seja, a NCG aumenta quando a empresa concede um prazo maior e diminui em caso contrário.
- NCG = f (prazos recebidos)
  A NCG é função (f) dos prazos recebidos, principalmente dos fornecedores. Dessa forma, aumenta quando há uma redução dos prazos concedidos por fornecedores e diminui em caso contrário.
- NCG = f (política de estoques)
  A NCG é função do prazo médio de estocagem e do volume de compras e produção. Assim, aumenta quando a empresa aumenta seu volume de estoques e diminui quando ocorre o contrário.

Resumindo, a necessidade de capital de giro depende basicamente da natureza dos negócios (ciclo financeiro) e do nível de atividade da empresa. O nível de vendas afeta mais fortemente a necessidade de capital de giro das empresas com ciclo financeiro elevado do que o daquelas com ciclo financeiro reduzido.

As principais contas da necessidade de capital de giro podem ser calculadas com base nas seguintes fórmulas:

$$\textit{Duplicatas a receber} = \textit{PMRV} \times \frac{\textit{vendas brutas}}{360}$$

$$Estoques = PME \times \frac{CMV}{360}$$

$$Fornecedores = PMP \times \frac{compras}{360}$$

$$Obrigações\ fiscais = PMROF \times \frac{impostos\ sobre\ vendas}{360}$$

Exercício 1

Calcule a necessidade de capital de giro da empresa ABC, sabendo que o caixa operacional equivale a 10 dias de vendas, o prazo médio de recebimento das vendas é de 30 dias, o prazo médio de estocagem é de 40 dias, o prazo médio de pagamento é de 30 dias e o prazo médio de recolhimento das obrigações fiscais é de 30 dias. Como se trata de uma empresa comercial, vamos supor que compras é igual ao CMV.

DRE anual	Valores em R$ mil
Vendas líquidas	7.200,0
Impostos s/vendas	1.440,0
Vendas líquidas	5.760,00
CMV	3.600,0
Lucro bruto	2.160,0
Despesas comerciais e administrativas	866,0
Outras despesas	381,0
Outras receitas	31,5
Lucro da atividade	944,5
Despesas financeiras líquidas	615,0
Lucro antes do imposto de renda	329,5
Imposto de renda e contribuição social	112,0
Lucro líquido	217,5

Solução

$$Caixa\ operacional = prazo \times \frac{vendas\ brutas}{360}$$

$$Caixa\ operacional = 10 \times \frac{7.200}{360} = 200\ mil$$

$$Duplicatas\ a\ receber = PMRV \times \frac{vendas\ brutas}{360}$$

$$Duplicatas\ a\ receber = 30 \times \frac{7.200\ mil}{360} = 600\ mil$$

$$Estoques = PME \times \frac{CMV}{360}$$

$$Estoques = 40 \times \frac{3.600\ mil}{360} = 400\ mil$$

$$Fornecedores = PMP \times \frac{compras}{360}$$

$$Fornecedores = 30 \times \frac{3.600\ mil}{360} = 300\ mil$$

$$Obrigações\ fiscais = PMROF \times \frac{impostos\ sobre\ vendas}{360}$$

$$Obrigações\ fiscais = 30 \times \frac{1.440\ mil}{360} = 120\ mil$$

Assim, temos:

NCG = ativo cíclico – passivo cíclico

onde:
ativo cíclico = caixa operacional + duplicatas a receber + estoques
ativo cíclico = R$ 200 mil + R$ 600 mil + R$ 400 mil = R$ 1.200 mil
passivo cíclico = fornecedores + obrigações fiscais
passivo cíclico = R$ 300 mil + R$ 120 mil = R$ 420 mil
NCG = R$ 1.200 mil – R$ 420 mil = R$ 780 mil

Exercício 2

Um empreendedor resolve montar uma pequena indústria para fabricar chocolate.

Ele tem R$ 800 mil para aplicar no novo negócio e, inicialmente, aplica R$ 200 mil na compra de um terreno, R$ 300 mil na construção de um galpão e escritório e mais R$ 250 mil na compra de equipamentos.

DRE anual	Valores em R$ mil
Vendas líquidas	720,0
Impostos s/vendas	144,0
Vendas líquidas	576,0
CPV	342,0
Lucro bruto	234,0
Despesas comerciais e administrativas	180,0
Lucro da atividade	54,0

Sabe-se que CPV = depreciação + outros custos fixos + custos variáveis

onde:
depreciação = R$ 37 mil
outros custos fixos = R$ 193 mil
custos variáveis = R$ 112 mil

O prazo médio de recebimento das vendas é 90 dias, prazo médio de estocagem é de 30 dias, prazo médio de pagamento, prazo médio de recolhimento das obrigações fiscais e prazo médio de pagamento de outros custos fixos e despesas é de 30 dias. Com base nessas informações, calcule a necessidade de capital de giro da empresa.

Solução

$$Duplicatas\ a\ receber = PMRV \times \frac{vendas\ brutas}{360}$$

$$Duplicatas\ a\ receber = 90 \times \frac{720\ mil}{360} = 180\ mil$$

$$Estoques = PME \times \frac{CPV}{360}$$

$$Estoques = 40 \times \frac{342\ mil}{360} = 38\ mil$$

$$Fornecedores = PMP \times \frac{compras}{360}$$

$$Fornecedores = 30 \times \frac{112\ mil}{360} = 9{,}33\ mil$$

$$Obrigações\ fiscais = PMROF \times \frac{impostos\ sobre\ vendas}{360}$$

$$Obrigações\ fiscais = 30 \times \frac{144\ mil}{360} = 12\ mil$$

$$Contas\ a\ pagar = PMP\ das\ desp.\ e\ outros\ custos \times \frac{(outros\ custos + despesas)}{360}$$

$$Contas\ a\ pagar = 30 \times \frac{(180 + 193)\ mil}{360} = 31\ mil$$

Necessidade de capital de giro = ativo cíclico – passivo cíclico
Necessidade de capital de giro = R$ 180 mil + R$ 38 mil – R$ 9,33 mil – R$ 12 mil – R$ 31 mil
Necessidade de capital de giro = R$ 165, 67 mil.

Capital de giro

O capital de giro (ou capital circulante líquido) representa a parcela das fontes permanentes que vão financiar os investimentos permanentes no giro (NCG). O capital de giro pode ser definido como a diferença entre os recursos permanentes (patrimônio líquido + passivo não circulante) e ativo não circulante, que, de forma análoga, representa a diferença entre o ativo circulante e o passivo circulante.

Capital de giro = patrimônio líquido + passivo não circulante – ativo não circulante

ou

Capital de giro = ativo circulante – passivo circulante

A figura 6 é a representação do balanço patrimonial, evidenciando o capital de giro.

A importância da análise do capital de giro se deve à existência de uma defasagem entre os vencimentos das obrigações correntes e a renovação dos ativos correntes.

Uma empresa possui duas fontes principais para financiar seus ativos:

- dívidas de curto prazo (passivo circulante);
- recursos permanentes (passivo não circulante e patrimônio líquido).

Figura 6
Análise do capital de giro

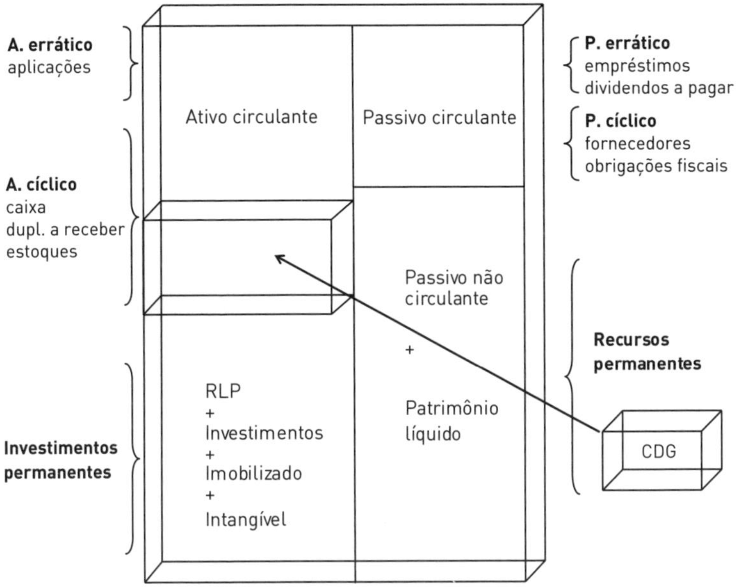

Naturalmente, para uma dada necessidade de capital de giro, quanto maior o CDG da empresa, maior será sua liquidez e menor o risco de se tornar insolvente no curto prazo.

Saldo de tesouraria

É o indicador que sinaliza o grau de adequação da política financeira empregada pelos administradores financeiros. O saldo de tesouraria (ST) positivo indica que a empresa dispõe de fundos de curto prazo que poderão ser aplicados em títulos de liquidez imediata, aumentando assim sua margem de segurança financeira.

Caso seja negativo, indica que os recursos permanentes (patrimônio líquido + PNC) não são suficientes para cobrir os investimentos no ativo não circulante (realizável a longo prazo + imobilizado + ativo biológico + intangível) e na necessidade de capital de giro da empresa, o que a força a recorrer a empréstimos a curto prazo. A manutenção de saldos de tesouraria negativos e crescentes pode indicar dificuldades iminentes para a empresa.

O saldo de tesouraria é calculado a partir da diferença entre capital de giro (CDG) e necessidade de capital de giro (NCG).

Saldo de tesouraria = capital de giro – necessidade de capital de giro

Outra forma para se calcular o ST seria por meio da diferença entre ativo de tesouraria (ou errático) e passivo de tesouraria (ou errático), onde:

- ativo errático (ou ativo de tesouraria) – corresponde à parcela do ativo circulante não relacionada com a atividade operacional;
- passivo errático (ou passivo de tesouraria) – corresponde à parcela do passivo circulante não relacionada com as operações da empresa.

Saldo de tesouraria = ativo de tesouraria – passivo de tesouraria

Ciclo operacional e financeiro

O prazo médio de renovação de estoques numa empresa comercial representa o tempo médio de estocagem de mercadorias, e numa empresa industrial representa o tempo de produção e de estocagem. O prazo de recebimento de vendas nos diz o tempo que leva entre a venda e o recebimento.

O ciclo operacional nada mais é do que o tempo decorrido entre a compra das matérias-primas e o recebimento da venda do produto. Durante esse período, a empresa investe recursos nas operações. Parte desses recursos é financiada pelos fornecedores que concederam prazo para pagamento das compras de mercadorias ou matérias-primas.

Ciclo operacional = PME + PMRV
Ciclo financeiro = ciclo operacional – PMP

Se o prazo médio de fornecedores for superior ao prazo médio de renovação de estoques, os fornecedores financiarão também uma parte das vendas da empresa.

O ciclo financeiro é o tempo decorrido entre o instante em que a empresa paga ao fornecedor e o momento em que recebe as vendas do cliente. Para esse período, ela precisa obter um financiamento. No primeiro exemplo, os fornecedores financiam totalmente os estoques e uma parte das vendas. No segundo, financiam apenas parte dos estoques.

Naturalmente a primeira situação é preferível à segunda, pois quanto maior o ciclo financeiro, maior será o tempo de utilização do financiamento e, consequentemente, maior será o custo.

Dependendo do setor de atividade ou do produto, esses ciclos podem ser mais ou menos longos. O tamanho desses ciclos é resultado, por um lado, do processo de conversão dos insumos em bens e, por outro lado, dos prazos de pagamento desses insumos e recebimento das faturas referentes aos produtos.

O controle do ciclo financeiro envolve uma verificação de cada componente da necessidade de capital de giro da companhia, como a capacidade dos fornecedores em entregar os insumos no tempo combinado, o que dependerá da estrutura de transportes, da perecibilidade das matérias-primas, da sazonalidade do fornecimento etc.

Com relação à fabricação, o ciclo operacional é influenciado pela tecnologia adotada, pelo *layout*, pela produtividade da mão de obra etc. Assim, quanto maior for o ciclo financeiro da empresa, maior será a necessidade de investimentos nos ativos operacionais (NCG), o que implica não somente um custo maior como também um risco mais elevado em épocas de crise.

Uma forma mais precisa de conceituar o ciclo financeiro considera o número de dias decorridos entre as saídas de caixa relacionadas não somente aos fornecedores, mas também ao desembolso com salários, encargos e impostos e as entradas de caixa provenientes dos recebimentos das vendas.

Quanto maior o ciclo financeiro, mais recursos próprios e de terceiros (exceto fornecedores, salários e encargos e obrigações fiscais) estarão aplicados nas operações, o que implica, repetimos, não somente um custo maior como também um risco mais elevado em épocas de crise.

$$\textit{Ciclo financeiro} = \frac{\textit{NCG}}{\textit{vendas brutas}} \times 360$$

Suponha uma empresa com NCG igual a R$ 500 e vendas brutas anuais de R$ 1.000. Tal empresa teria um ciclo financeiro de 180 dias, ou seja, necessita ter o equivalente à metade do faturamento anual de recursos permanentes para financiar sua necessidade de capital de giro, para não precisar recorrer a empréstimos de curto prazo.

Pela decomposição da necessidade de capital de giro (NCG), temos:

$$C.fin. = \frac{NCG}{vendas\ brutas} \times 360$$

$$C.fin. = \frac{duplicatas\ a\ receber + estoques - fornecedores - ob.\ fiscais}{vendas\ brutas} \times 360$$

$$C.fin. = \frac{dupl.\ receber \times 360}{vendas\ brutas} + \frac{estoques \times 360}{vendas\ brutas} - \frac{fornecedores \times 360}{vendas\ brutas} - \frac{obrig.\ fiscais \times 360}{vendas\ brutas}$$

$$C.fin. = PMRV + \frac{estoques \times 360}{vendas\ brutas} \times \frac{CPV}{CPV} - \frac{fornecedores \times 360}{vendas\ brutas} \times \frac{compras}{compras} - \frac{obrig.\ fiscais \times 360}{vendas\ brutas} \times \frac{imp.\ s/vendas}{imp.\ s/vendas}$$

$$C.fin. = PMRV + \frac{estoques \times 360}{CPV} \times \frac{CPV}{vendas\ brutas} - \frac{fornecedores \times 360}{compras} \times \frac{compras}{vendas\ brutas} - \frac{obrig.\ fiscais \times 360}{imp.\ s/vendas} \times \frac{imp.\ s/vendas}{vendas\ brutas}$$

$$C.fin. = PMRV + \left(PME \times \frac{CPV}{vendas\ brutas}\right) - \left(PMP \times \frac{compras}{vendas\ brutas}\right) - \left(PMROF \times \frac{imp.\ s/vendas}{vendas\ brutas}\right)$$

Coeficiente de solvência

É a relação do saldo de tesouraria com o ativo total (ou saldo de tesouraria/módulo da necessidade de capital de giro).

A existência de saldos de tesouraria negativos não implica necessariamente uma situação financeira apertada. Na realidade, muitas empresas no Brasil apresentam saldo de tesouraria negativo. O que deve ser analisado e acompanhado com muita atenção é a tendência do coeficiente de solvência ao longo do tempo. Se essas relações forem negativas e crescentes, isso indicará que a empresa está se desequilibrando financeiramente.

Deve-se analisar também a tendência da relação NCG sobre vendas (ou sobre o ativo total), pois quanto maior for esse índice maior será o ciclo financeiro da companhia, o que implicará um maior risco para a companhia.

O risco financeiro é nítido quando ocorre simultaneamente uma elevação do ciclo financeiro e uma queda do coeficiente de solvência (principalmente quando o coeficiente de solvência é negativo).

Análise do fluxo de caixa

O processo de decisão das melhores aplicações e fontes de recursos reflete-se nas diversas transações das empresas. As decisões relacionadas à compra de matérias-primas, investimentos em ativo permanente, desinvestimentos, aporte de capital, recebimento de empréstimos, reembolso de fundos constituem um contínuo fluxo entre os usos dos investimentos e as fontes geradoras dos recursos.

O fluxo de recursos de uma companhia se apresenta como um ciclo que pode ser iniciado com a compra de matérias-primas. Esses recursos podem ser originados por um crédito dado à empresa pelos fornecedores ou mesmo pela redução das aplicações financeiras, no caso de compra à vista. Além da aplicação em matérias-primas, a empresa aplica fundos adicionais em mão de obra, manutenção, energia elétrica e outros custos e despesas operacionais, de modo a transformar os produtos em elaboração em produtos acabados.

Em seguida, vem a venda dos bens, que pode ser feita à vista (os recursos recebidos são direcionados à conta caixa) ou a prazo (há uma redução de estoques de produtos acabados contrabalançada por uma elevação em duplicatas a receber, até que se inicie o pagamento por parte dos clientes, quando então os recursos se direcionarão para a conta caixa).

A projeção do fluxo de caixa da companhia permite avaliar a capacidade que ela tem de gerar recursos para cobrir o incremento de sua necessidade de capital de giro (função do volume de vendas e do ciclo financeiro da empresa), dos investimentos em ativo imobilizado, além de satisfazer as necessidades relativas ao pagamento de dividendos, de imposto de renda, pagamento de juros e das parcelas do financiamento de longo prazo que estejam vencendo.

O modelo de fluxo de caixa permite avaliar a política de investimentos e de financiamentos da empresa, permitindo, inclusive, a comparação entre o fluxo de caixa projetado e o realizado.

Investidores que investigam a saúde da empresa olhando somente para a demonstração de resultados podem se enganar. A incapacidade de administrar as necessidades de caixa tem sido uma das principais causas do desaparecimento de empresas lucrativas.

A demonstração do fluxo de caixa responde a importantes questões, como:

- A empresa tem um fluxo de caixa operacional positivo?
- Será que mesmo tendo boa geração de caixa operacional a empresa desperdiçou recursos em elevados investimentos?
- Será que, aparentemente, a empresa era lucrativa, mas tinha necessidade de buscar volumes elevados de empréstimos para poder continuar sobrevivendo?
- Como é usado o caixa gerado pelas operações?
- Será que a empresa exige pesados investimentos em ativos fixos, relacionados a novos equipamentos que incorporem mudanças tecnológicas?
- Será que a empresa só consegue pagar as dívidas com bancos porque obtém recursos com a controladora?
- Como são financiadas as novas imobilizações?
- Como é que os dividendos são financiados?
- É mais interessante a empresa comprar a prazo ou obter um desconto à vista?
- Será que a empresa somente sobrevive porque está vendendo seus ativos a fim de financiar a drenagem de dinheiro relacionada à atividade operacional?
- Qual é o impacto no fluxo de caixa de uma elevação no prazo concedido aos clientes?

- O que acontecerá com o fluxo de caixa da empresa se houver uma redução pela metade no prazo médio concedido pelos fornecedores?

A capacidade financeira da empresa pode ser melhor avaliada por meio da demonstração do fluxo de caixa, especialmente o fluxo de caixa operacional.

Pelo método indireto, podemos chegar ao fluxo de caixa, tal como demonstrado a seguir:

Lucro da atividade
+ Depreciação e amortização
EBITDA
– Δ necessidade de capital de giro
Fluxo de caixa operacional
– Pagamento de financiamentos
– Pagamentos de empréstimos de curto prazo
– Pagamento de juros
– Pagamento de IR e CSLL
+ Integralização de capital
– Compras de imobilizado
+ Venda de imobilizado
– Aquisição de valores negociáveis e outros investimentos
+ Venda de investimentos
+ Recebimento de dividendos
– Aumento no ativo intangível
+ Novos financiamentos de longo prazo
+ Novas captações estruturadas de curto prazo
– Pagamento de dividendos
= FLUXO GERADO
+ Baixas em aplicações financeiras disponíveis
+ Novos empréstimos para cobertura de caixa
= FLUXO DE CAIXA FINAL

Alternativamente, poderíamos chegar ao fluxo de caixa gerado partindo do lucro líquido, conforme a seguir:

Lucro líquido
+ Depreciação e amortização
+ Despesas não pagas
– Receitas não recebidas
– Δ necessidade de capital de giro
– Pagamento de financiamentos
– Pagamentos de empréstimos de curto prazo
+ Integralização de capital
– Compras de imobilizado
+ Venda de imobilizado
– Aquisição de valores negociáveis e outros investimentos
+ Venda de investimentos
+ Recebimento de dividendos
– Aumento no ativo intangível
+ Novos financiamentos de longo prazo
+ Novas captações estruturadas de curto prazo
– Pagamento de dividendos
= FLUXO GERADO
+ Baixas em aplicações financeiras disponíveis
+ Novos empréstimos para cobertura de caixa
= FLUXO DE CAIXA FINAL

Estudos têm demonstrado a vantagem da utilização de índices com base no fluxo de caixa. Um dos melhores índices financeiros para previsão de falências é a relação entre fluxo de caixa (lucro líquido + depreciação) e o total da dívida. O segundo melhor índice, nesse mesmo estudo, é a relação entre o lucro líquido e o ativo total. O índice de liquidez corrente estava entre os piores previsores de falência.

Segundo Leite e Hopp (1989:67),

> as relações entre fluxos de caixa e estoques de dívidas aparecem mais efetivas na avaliação de solvência. Com efeito, a previsão de falências (um evento raro) e a previsão de dificuldades financeiras (um evento mais comum) são exercícios de antecipação de cenários operacionais críticos para a empresa, os quais somente podem ser esboçados a partir de um razoável conhecimento da operação que ela desenvolve e das condições do setor específico onde ela está estabelecida [...] Com relação, especificamente, à contribuição da análise econômico-financeira tradicional ao exercício de previsão de falências ou de crises de liquidez, cremos que ela tem sido supervalorizada. Um detalhado exame da sequência de demonstrativos de fluxo de caixa irá ilustrar melhor a iminência de uma deterioração financeira [...] O ritmo das entradas de caixa provenientes das operações deve estar coerente com os desembolsos por elas provocado e com a cobertura do serviço da dívida. O ritmo dos investimentos permanentes novos deve estar coerente com a disponibilidade de fundos levantados junto aos acionistas, credores de longo prazo, ou acumulados pelas próprias operações. O diagnóstico se resume, portanto, numa análise de tendências desses fluxos, de forma dinâmica, por um analista não apenas inteirado dos demonstrativos financeiros básicos da empresa, mas, sobretudo, bem informado sobre o negócio da empresa e situação do seu setor; jamais esse diagnóstico pode se limitar a uma divisão elementar de saldos devedores por saldos credores. O produto final do diagnóstico deve constituir-se de projeções dos fluxos de caixa da empresa em análise e, por isso mesmo, a análise de solvência torna-se mais complexa e mais arriscada do que a simples conferência se o índice de liquidez corrente supera ou não o nível de 2. Para realizar esse diagnóstico, é indispensável o domínio de técnicas de previsão.

Exercício 1

Calcule a necessidade de capital de giro, capital de giro e saldo de tesouraria da empresa. Em seguida calcule o índice de liquidez corrente e monte o balanço ajustado.

valores em R$ mil

Ativo circulante	**300,0**	**Passivo circulante**	**100,0**
Aplicações	20,0	Empréstimos de curto prazo	70,0
Duplicatas a receber	180,0	Obrigações fiscais	10,0
Estoques	100,0	Fornecedores	20,0
Ativo não circulante	**700,0**	**Passivo não circulante**	**400,0**
		Financiamentos de longo prazo	400,0
Imobilizado líquido	500,0		
Intangível líquido	200,0	Patrimônio líquido	500,0
Ativo total	**1.000,0**	**Passivo + patr. líquido**	**1.000,0**

Solução

NCG = ativo cíclico – passivo cíclico

onde:
ativo cíclico = duplicatas a receber + estoques = R$ 180 mil + R$ 100 mil = R$ 280 mil
passivo cíclico = fornecedores + obrigações fiscais = R$ 10 mil + R$ 20 mil = R$ 30 mil

Então:
NCG = R$ 250 mil
CDG = PL + PNC – ANC = R$ 500 mil + R$ 400 mil – R$ 700 mil = R$ 200 mil
ST = CDG – NCG = R$ 200 mil – (R$ 250 mil) = –R$ 50 mil
Índice de liquidez corrente = ativo circulante ÷ passivo circulante = 300 ÷ 100 = 3,0

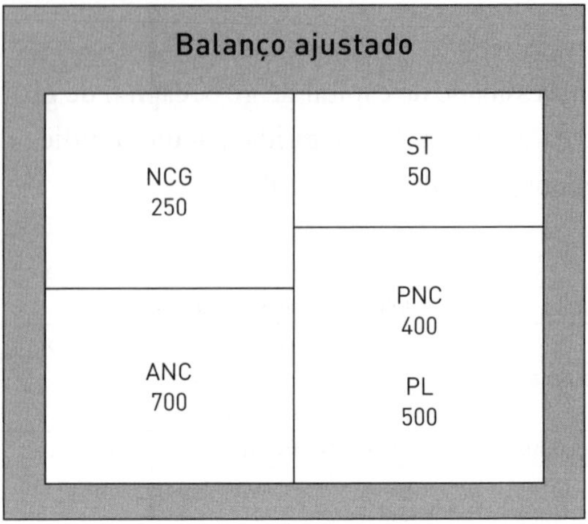

Comentários

Embora a empresa trabalhe com um índice de liquidez corrente igual a 3,0, podemos ver que ela não tem um capital de giro suficiente para cobrir sua necessidade (CDG < NCG). A NCG é elevada, pois o ativo cíclico é muito maior do que o passivo cíclico, ou seja, a empresa provavelmente demora a produzir, demora a vender e receber e paga seus compromissos num prazo curto. Assim, ela trabalha com um ciclo financeiro elevado e, por isso, necessita de recursos de longo prazo não apenas para financiar o imobilizado, mas também para financiar as contas de estoques e duplicatas a receber.

No entanto, a empresa não tem recursos de longo prazo suficientes para cobrir sua necessidade de capital de giro, o que a obriga a tomar empréstimos de curto prazo para financiar o investimento permanente no giro. Com isso, o saldo de tesouraria fica negativo, o que sinaliza um desequilíbrio financeiro.

Exercício 2

Calcule a necessidade de capital de giro, capital de giro e saldo de tesouraria da empresa. Em seguida calcule o índice de liquidez corrente e monte o balanço ajustado.

valores em R$ mil

Ativo circulante	**150,0**	**Passivo circulante**	**140,0**
Aplicações	120,0	Dividendos a pagar	10,0
Duplicatas a receber	20,0	Fornecedores	110,0
Estoques	10,0	Obrigações fiscais	20,0
		Empréstimos de curto prazo	–
Ativo não circulante	**850,0**		
RLP	100,0	**Passivo não circulante**	**300,0**
Investimentos	50,0	Financiamentos de longo prazo	300,0
Imobilizado líquido	550,0		
Intangível líquido	150,0	Patrimônio líquido	560,0
Ativo total	**1.000,0**	**Passivo + patr. líquido**	**1.000,0**

Solução

NCG = ativo cíclico – passivo cíclico, onde:
Ativo cíclico = duplicatas a receber + estoques = R$ 20 mil + R$ 10 mil = R$ 30 mil
Passivo cíclico = fornecedores + obrigações fiscais = R$ 110 mil + R$ 20 mil = R$ 130 mil
NCG = –R$ 100 mil
CDG = PL + PNC – ANC = R$ 560 mil + R$ 300 mil – R$ 850 mil = R$ 10 mil
ST = CDG – NCG = R$ 10 mil – (–R$ 100 mil) = R$ 110 mil
Índice de liquidez corrente = ativo circulante ÷ passivo circulante = 150 ÷ 140 = 1,07

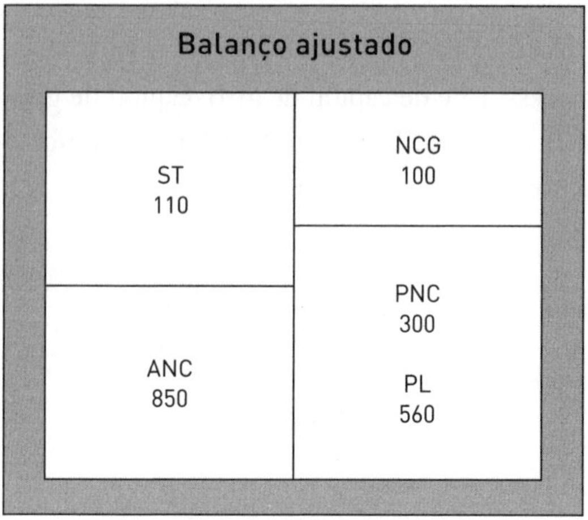

Comentários

A empresa trabalha com um índice de liquidez corrente igual a 1,07, ou seja, próximo de um, indicativo de que o capital de giro é próximo de zero.

De fato, ela tem um capital de giro de apenas R$ 10 mil, mas, mesmo assim, tem um saldo de tesouraria fortemente positivo, de R$ 110 mil. O saldo de tesouraria é consequência de o capital de giro ser maior do que a necessidade de capital de giro (NCG), pois esta é negativa.

Uma NCG negativa indica que a empresa recebe antes de pagar. Assim, podemos concluir que a empresa recebe um financiamento espontâneo dos seus fornecedores.

Uma empresa assim deve ter consciência de que grande parte do saldo de aplicações financeiras não é da empresa, mas sim de seus fornecedores e, por isso, ela deve optar por aplicações financeiras de baixo risco, como títulos do governo e certificados de depósitos bancários (CDBs) de bancos de primeira linha, mesmo sabendo que o rendimento dessas aplicações é baixo.

Exercício 3

Calcule a necessidade de capital de giro, capital de giro e saldo de tesouraria da empresa. Em seguida calcule o índice de liquidez corrente e monte o balanço ajustado.

valores em R$ mil

Ativo circulante	**100,0**	**Passivo circulante**	**140,0**
Aplicações	70,0	Dividendos a pagar	10,0
Duplicatas a receber	20,0	Fornecedores	110,0
Estoques	10,0	Obrigações fiscais	20,0
		Empréstimos de curto prazo	–
Ativo não circulante	**900,0**		
RLP	100,0	**Passivo não circulante**	**300,0**
Investimentos	50,0	Financiamentos de longo prazo	300,0
Imobilizado líquido	600,0		
Intangível líquido	150,0	Patrimônio líquido	560,0
Ativo total	**1.000,0**	**Passivo + patr. líquido**	**1.000,0**

Solução

NCG = ativo cíclico – passivo cíclico

onde:

ativo cíclico = duplicatas a receber + estoques = R$ 20 mil + R$ 10 mil = R$ 30 mil
passivo cíclico = fornecedores + obrigações fiscais = R$ 110 mil + R$ 20 mil = R$ 130 mil
NCG = –R$ 100 mil
CDG = PL + PNC – ANC = R$ 560 mil + R$ 300 mil – R$ 900 mil = –R$ 40 mil
ST = CDG – NCG = –R$ 40 mil – (–R$ 100 mil) = R$ 60 mil
índice de liquidez corrente = ativo circulante ÷ passivo circulante = 100 ÷ 140 = 0,71

Balanço ajustado

ST 60	NCG 100
ANC 900	PNC 300 PL 560

Comentários

A empresa trabalha com um índice de liquidez corrente igual a 0,75, ou seja, abaixo de um, indicativo de que o capital de giro é negativo.

A empresa tem um capital de giro negativo de R$ 40 mil, mas, mesmo assim, tem um saldo de tesouraria positivo, de R$ 60 mil. O saldo de tesouraria é consequência de o capital de giro ser maior do que a necessidade de capital de giro (NCG), pois esta é negativa.

De fato, existem algumas empresas que trabalham com índice de liquidez corrente menor do que um.

A questão é: quando pode ser aceitável uma empresa trabalhar com índice de liquidez corrente abaixo de um? Somente quando atende simultaneamente a dois requisitos:

- Ter uma NCG negativa. Ou seja, a empresa recebe antes de pagar (a empresa recebe um financiamento espontâneo de seus fornecedores).
- Ter a convicção de que o resultado da atividade dificilmente cai. Ou seja, uma empresa com baixíssimo risco operacional,

com estabilidade de vendas, é pouco afetada por uma recessão. Nesse caso, ela pode usar uma parte do dinheiro de seus fornecedores para imobilizar. No entanto, raras empresas se enquadram nesse caso.

No capítulo 5, você vai poder fazer a análise econômico-financeira e praticar os conhecimentos adquiridos, por meio de três estudos de caso.

5
Estudos de caso aplicados à análise econômico-financeira

Vamos fazer três estudos de caso com o objetivo de internalizar os conhecimentos adquiridos. O estudo de caso 1 tem por objetivo a realização de uma análise dinâmica, em que vamos calcular e analisar o CDG, a necessidade de capital de giro (NCG) e a evolução do saldo de tesouraria (ST). Nos estudos de caso 2 e 3, vamos aplicar, na análise da empresa, seus principais indicadores econômico-financeiros.

Estudo de caso 1

Calcule o CDG, NCG e ST e explique a evolução do saldo de tesouraria da empresa comercial a seguir ao longo dos quatro anos. Suponha que compras = CMV. Suponha que a empresa não distribui dividendos e que não haverá aumento de capital. Em seguida monte o fluxo de caixa pelo método indireto do ano 2 ao 4.

DRE (em R$ M)	Ano 1	Ano 2	Ano 3	Ano 4
Vendas brutas	1.000	1.400	1.400	1.250
– Impostos s/vendas	200	280	280	250
Vendas líquidas	800	1.120	1.120	1.000
– CMV	560	784	784	700
Lucro bruto	240	336	336	300
– despesas operacionais	130	182	182	163
– depreciação	90	95	110	127
Lucro da atividade	20	59	44	10
– despesas financeiras	20	20	20	30
+ receitas financeiras	5	3	9	2
Lucro antes do IR	5	42	33	18
– imp. de renda e CSLL	2	14	11	–
Lucro líquido	3	28	22	18

	Ano 1	Ano 2	Ano 3	Ano 4
PMRV	15	15	15	30
PME	20	20	20	25
PMP	90	90	90	90
PMROF	30	30	30	30

Para calcular o CDG, suponha que o patrimônio líquido no final do ano 1 seja de R$ 350 M e que a dívida de longo prazo se mantenha em R$ 200 M por todos os anos. O ativo imobilizado evolui com base na tabela a seguir:

Imobilizado	Ano 1	Ano 2	Ano 3	Ano 4
Custo	900	1.000	1.200	1.330
– Dep. acumulada	300	395	505	632
Imobilizado líquido	600	605	695	698

Estrutura do fluxo de caixa:

	Ano 1	Ano 2	Ano 3
Lucro da atividade	59	44	10
+ Depreciação	95	110	127
EBITDA	154	154	137
- Δ NCG	34	0	-74
Fluxo de caixa operacional	188	154	63
- Pagamento de juros	20	20	30
- Pagamento de IR e CSLL	14	11	0
+ Recebimento de juros	3	9	2
- Pagamento de principal	0	0	0
+ Novos financ. de longo prazo	0	0	0
- Novas imobilizações	100	200	130
+ Integralização de capital	0	0	0
- Pagamento de dividendos	0	0	0
Fluxo de caixa gerado	56	-68	-95
+ Baixa de aplicações	0	68	24
+ Novos empréstimos de curto prazo	0	0	71

Estudo de caso 2

Construa os principais indicadores econômico-financeiros e, em seguida, desenvolva uma análise da empresa abaixo:

	Ano 1	Ano 2	Ano 3	Ano 4	Ano 5
Vendas brutas	1.200	1.020	960	1.080	1.180
– Impostos s/vendas	240	204	192	216	236
Vendas líquidas	960	816	768	864	944
– Depreciação	70	70	70	70	70
– Custo fixo	350	355	355	350	370
– Custo variável	240	204	192	216	236
Lucro bruto	300	187	151	228	268
– despesas comerciais	36	31	29	32	35
– despesas administrativas	65	75	55	58	65
Lucro da atividade	199	81	67	138	168
+ receitas financeiras	–	–	–	–	11
– despesas financeiras	70	75	100	66	58
Lucro antes do IR	129	6	(32)	71	121
– imp. de renda e CSLL	44	2	–	24	41
Lucro líquido	85	4	(32)	47	80

Balanço patrimonial	**Ano 1**	**Ano 2**	**Ano 3**	**Ano 4**	**Ano 5**
Aplic. financeiras	-	-	-	-	46
Dupl. a receber	133	116	133	150	167
Estoques	49	70	76	71	54
Ativo circulante	183	186	209	221	267
Ativo imobilizado	850	900	850	840	860
Ativo total	1.033	1.086	1.059	1.061	1.127
	Ano 1	**Ano 2**	**Ano 3**	**Ano 4**	**Ano 5**
Empréstimos de curto prazo	33	96	8	23	-
Obrigações fiscais	20	17	16	18	20
Fornecedores	20	18	15	17	20
Outros de curto prazo	60	51	48	54	59
Passivo circulante	133	182	88	112	99
Financiamentos de longo prazo	450	450	450	350	350
Patr. líquido	450	454	522	599	678
Passivo + patr. líquido	1.033	1.086	1.059	1.061	1.127

	Ano 1	**Ano 2**	**Ano 3**	**Ano 4**	**Ano 5**
Índice de líq. corrente = a. circ./p. circ.	1,38	1,02	2,38	1,97	2,70
Índice de líq. seca = (a. circ. – estoques)/p. circ.	1,01	0,64	1,52	1,34	2,16
PMRV (dias)	40	41	42	50	51
PME (dias)	30	45	50	45	32
PMP (dias)	30	31	29	28	31
Giro do ativo econ. = vendas/ativo econ.	0,99	0,80	0,76	0,84	0,88
End. total = (p. circ. + PNC) / a. total	50,6%	53,5%	46,2%	38,5%	34,6%
End. c.p. = p. circ./a. total	12,8%	16,8%	8,3%	10,6%	8,8%
ICP = A. perm./PL	1,89	1,98	1,63	1,40	1,27
IRP = A. perm./(PL + PNC)	0,94	1,00	0,87	0,89	0,84
Margem bruta	31,3%	22,9%	19,7%	26,4%	28,4%
Margem atividade	20,7%	10,0%	8,8%	15,9%	17,8%
Margem líquida	8,9%	0,5%	-4,2%	5,5%	8,4%
Capital de giro	50	4	122	109	168
Necessidade de capital de giro	83	100	130	132	122
Saldo de tesouraria	(33)	(96)	(8)	(23)	46
Coef. solv = saldo tesouraria/a. total	-3,1%	-8,9%	-0,8%	-2,2%	4,1%
Ciclo financ. = NCG/v. brutas × 360 (dias)	25	35	49	44	37
Vendas (AH) – modelo 1		-15,0%	-5,9%	12,5%	9,3%
Vendas (AH) – modelo 2	100	85	80	90	98
Dívida líquida/EBITDA	1,8	3,6	3,3	1,8	1,3
ROIC	13,2%	5,4%	4,2%	8,8%	10,8%

Solução

Ano 1 – Ano 2

As vendas caíram, o que provocou um aumento nos estoques (a empresa não conseguiu vender toda a produção). Com a queda das vendas, caíram as margens bruta e da atividade (a empresa não tem como diluir os custos e despesas fixas). Com isso, houve um aumento do ciclo financeiro (piorando o fluxo de caixa operacional).

A empresa investiu em imobilizado e não se financiou com recursos de longo prazo (elevaram-se fortemente a imobilização do capital próprio e de recursos permanentes). Com isso ela passou a trabalhar com saldo de tesouraria negativo, indicando uma piora considerável em sua situação financeira.

Ano 2 – Ano 3

As vendas continuaram caindo, os estoques continuaram elevados. As margens bruta e da atividade continuaram em queda, ou seja, operacionalmente a empresa permaneceu numa situação ruim. A empresa conseguiu elevar o capital de giro por meio da venda de imobilizado, o que permitiu pagar as dívidas de curto prazo e melhorar o saldo de tesouraria, que voltou a ser positivo.

Cabe destacar que, apesar da melhora considerável do saldo de tesouraria, houve piora na margem líquida da empresa. Isso pode ter ocorrido porque a venda de ativos se deu no final do ano (o que manteve as despesas financeiras em alta durante os meses anteriores à venda dos ativos).

Ano 3 – Ano 4

A empresa elevou o PMRV, as vendas responderam com crescimento. Com o crescimento das vendas, houve um aumento do giro de estoques e aumento da margem bruta (a empresa diluiu custos fixos).

A empresa continuou reduzindo a imobilização por meio da venda de ativos, decisão importante, pois com isso elevou o capital de giro (necessário para financiar a maior necessidade de capital de giro).

Ano 4 – Ano 5

A empresa continuou elevando as vendas. Com o crescimento das vendas, houve um aumento do giro de estoques e aumento da margem bruta (a empresa diluiu custos fixos).

O ciclo financeiro caiu e melhorou ainda mais o coeficiente de solvência da empresa.

Enfim, apesar de a rentabilidade sobre o capital investido ser ainda inferior ao que era no ano 1, percebe-se uma melhora importante na empresa.

Estudo de caso 3

Construa os principais indicadores econômico-financeiros e, em seguida, desenvolva uma análise da empresa a seguir:

	Ano 1	Ano 2	Ano 3	Ano 4	Ano 5
Vendas brutas	1.000	880	860	950	980
– Impostos	200	176	172	190	196
Vendas líquidas	800	704	688	760	784
– Custo fixo	330	340	350	320	315
– Depreciação	70	72	74	78	80
– Custo variável	200	176	172	190	196
Lucro bruto	200	116	92	172	193
– despesas comerciais	30	26	26	29	29
– despesas administrativas	65	55	45	55	55
Lucro da atividade	105	35	21	89	109
+ receitas financeiras	5	4	–	1	13
– despesas financeiras	39	42	47	48	70
Lucro antes do IR	71	(3)	(26)	41	51
– imp. de renda	24	–	–	14	17
Lucro líquido	47	(3)	(26)	27	34

	Ano 1	Ano 2	Ano 3	Ano 4	Ano 5
Aplic. financeiras	38	–	5	117	76
Dupl. a receber	83	86	91	119	114
Estoques	74	108	116	78	64
Ativo circulante	195	193	212	313	254
Ativo imobilizado	750	760	830	851	951
Ativo total	945	953	1.042	1.164	1.205
	Ano 1	**Ano 2**	**Ano 3**	**Ano 4**	**Ano 5**
Empréstimos de curto prazo	–	16	–	–	96
Obrigações fiscais	8	11	29	12	12
Fornecedores	17	15	47	15	17
Outros de curto prazo	60	53	95	80	80
Passivo circulante	85	94	171	106	205
Financiamentos de longo prazo	300	302	340	500	408
Patr. líquido	560	557	531	558	592
Passivo total + p. líquido	945	953	1.042	1.164	1.205

	Ano 1	Ano 2	Ano 3	Ano 4	Ano 5
Índice de liq. corrente = a. circ./p. circ.	2,29	2,05	1,24	2,95	1,24
Índice de liq. seca = (a. circ. - estoques)/p. circ.	1,43	0,91	0,56	2,21	0,93
PMRV (dias)	30	40	38	45	42
PME (dias)	50	75	80	55	45
PMP (dias)	30	31	60	28	31
Giro do ativo econ. = vendas/ativo econ.	0,91	0,77	0,69	0,70	0,71
Endiv. total = p. exigível/a. total	34,4%	36,0%	39,9%	45,2%	44,2%
Endiv. de curto prazo = p. circ./a. total	9,0%	9,9%	16,4%	9,1%	17,0%
ICP = a. perm./PL	1,34	1,36	1,56	1,52	1,61
IRP = a. perm./(PL + PNC)	0,87	0,88	0,95	0,80	0,95
Margem bruta	25,0%	16,5%	13,4%	22,6%	24,6%
Margem atividade	13,1%	4,9%	3,1%	11,6%	13,9%
Margem líquida	5,8%	-0,5%	-3,8%	3,6%	4,3%
CDG	110	99	41	207	49
NCG	72	114	36	90	69
ST	38	(16)	5	117	(20)
Coef. solv. = saldo tesouraria/a. total	4,0%	-1,6%	0,5%	10,0%	-1,7%
Ciclo financ. = NCG/v. brutas × 360 (dias)	26	47	15	34	25
Preço do produto (AH)	100	99	99	88	89
Vendas (AH) - modelo 1	100	88	86	95	98
Vendas (AH) - modelo 2		-12,0%	-2,3%	10,5%	3,2%
ROIC	9,2%	2,8%	1,6%	6,7%	7,6%
Dívida líquida/EBITDA	1,50	2,98	3,52	2,30	2,27

Solução

Ano 1 – Ano 2

As vendas caíram, o que provocou um forte aumento nos estoques (a empresa não conseguiu vender toda a produção).

Com a queda das vendas, caíram as margens bruta e da atividade (a empresa não tem como diluir os custos e despesas fixas) e elevou-se o prazo médio de recebimento de vendas (pode ser sinal de inadimplência). Com isso, houve um aumento do ciclo financeiro (piorando o fluxo de caixa operacional) e a empresa passou a trabalhar com saldo de tesouraria negativo, o que indica uma piora considerável em sua situação financeira.

Com a geração de caixa negativa, ela resgatou as aplicações financeiras e passou a ter de pegar empréstimos de curto prazo. É interessante observar que, apesar da piora financeira, o índice de liquidez corrente ainda se manteve acima de 2, pois os estoques e duplicatas cresceram com o aumento do prazo de estocagem e prazo de recebimento.

Ano 2 - Ano 3

As vendas continuaram caindo apesar do aumento do PMRV. Os estoques continuaram elevados e as margens bruta e da atividade continuaram em queda. Ou seja, operacionalmente a empresa permaneceu numa situação ruim.

A empresa consegue diminuir a NCG por meio da duplicação do PMP (fruto de renegociação ou mesmo atraso). Assim, o ciclo financeiro diminuiu, o que contribuiu para elevar o fluxo de caixa operacional.

A empresa investiu em imobilizado, mas se financiou com recursos de terceiros de longo prazo (o índice de imobilização do capital próprio cresceu mais do que o índice de imobilização de recursos permanentes).

Ano 3 - Ano 4

A empresa reduziu preços e elevou o PMRV. As vendas responderam com crescimento. Com o crescimento das vendas, houve um aumento do giro de estoques e aumento da margem bruta.

Chama a atenção o fato de que, apesar da queda dos preços, cresceu a margem bruta. Na realidade deve ter ocorrido uma forte queda de custos (provavelmente proveniente dos investimentos realizados no ano anterior).

Apesar da queda dos estoques, é nítido que houve uma elevação da necessidade de capital de giro (proveniente da elevação das duplicatas a receber e forte queda do prazo médio de pagamento). Mesmo com a elevação da NCG, verificamos que houve uma melhora considerável do saldo de tesouraria, ou seja, o capital de giro cresceu mais do que a NCG.

O crescimento do CDG foi proveniente da captação de dívidas de longo prazo (o ICP caiu pouco, ao passo que o IRP caiu fortemente).

Ano 4 – Ano 5

A empresa continuou elevando as vendas apesar da queda do PMRV. As margens brutas, da atividade e líquida, se elevaram. Os estoques continuaram caindo. Enfim, praticamente todos os indicadores melhoraram sensivelmente, exceto o coeficiente de solvência. Na realidade o saldo de tesouraria negativo não indica risco, mas apenas a transferência de dívida de longo prazo para o curto prazo.

Com os três estudos de caso apresentados neste capítulo, pretendemos aproximar a teoria da análise de balanço à prática dos gestores, credores e investidores, evidenciando que uma análise se faz pelo conjunto de indicadores e sua evolução, considerando as características do setor em que a empresa atua.

No próximo capítulo vamos conhecer como são realizadas as decisões de compra e venda de uma empresa dentro e fora do mercado bursátil.

6
Principais indicadores de mercado

Os analistas de mercado e investidores costumam olhar os múltiplos de mercado por serem fáceis de calcular e darem uma ideia se as ações estão subavaliadas ou superestimadas.

Tal abordagem é útil quando olhamos empresas de um mesmo setor e quando não esperamos grandes mudanças em termos de resultado da empresa.

Os múltiplos de mercado, por exemplo, P/VPA, P/L, P/EBIT, EV/EBITDA, são indicadores que combinam o valor de mercado da empresa com indicadores contábeis, tais como, patrimônio líquido, lucro líquido, EBIT, EBITDA, vendas líquidas e dividendos.

Importância dos indicadores de mercado

Uma empresa rentável e financeiramente equilibrada não significa uma excelente alternativa de compra, pois a excelência já pode estar precificada. Em outras palavras, uma empresa pode ter uma excelente margem EBITDA, um excelente retorno sobre o capital próprio e um baixo endividamento, mas o preço da ação pode ter subido além do razoável e, por isso, pode não ser o momento de comprar ações dela. Talvez fosse até melhor vender, visto que essas ações já ficaram muito caras.

A decisão de compra ou venda depende não apenas dos principais indicadores econômico-financeiros, como margem EBITDA, o ROE, o ROIC e dívida líquida/EBITDA, mas também do seu valor de mercado (preço da ação × quantidade total de ações).

Uma empresa pode ter excelentes indicadores econômico-financeiros, mas pode estar cara, e outra pode até ter indicadores econômico-financeiros piores, mas estar subavaliada. Não devemos olhar apenas para a rentabilidade e endividamento da empresa. Temos de olhar se o preço da ação já subiu muito, ou se não subiu muito ainda, ou se caiu mais do que o razoável. Em outras palavras, o investidor em ações deve olhar os indicadores econômico-financeiros e também os indicadores de mercado.

Enfim, mais importante do que olhar se a situação econômica e financeira da empresa foi boa no último ano é tentarmos estimar se os números positivos serão mantidos nos próximos anos.

Caso Vale

Tomemos o exemplo da Vale em 2011. A Vale, uma das maiores empresas de mineração do mundo, obteve números expressivos em 2011. A empresa gerou um lucro líquido de R$ 37,8 bi, uma margem EBITDA de 58% e uma margem líquida de 36,2%. Além disso, a rentabilidade sobre o capital investido (ROIC) atingiu 19,7% e a empresa estava com um baixíssimo endividamento (dívida líquida/EBITDA) de 0,66.

Apesar dos excelentes números e indicadores, a rentabilidade da ação ordinária na bolsa em 2011 foi negativa em 26,3%. Os múltiplos da empresa despencaram em 2011 com a queda do valor de mercado da empresa – a relação preço/lucro (P/L) atingiu 5,2 em 2011 contra 8,7 em 2010; a relação preço/valor patrimonial (P/VPA) caiu para

1,34 contra 2,27 em 2010; e o EV/EBITDA atingiu 4,65 contra 7,67 no ano anterior.

Uma possível explicação para a queda do valor de mercado e dos múltiplos da Vale é a expectativa que havia em 2011 de que a crise na União Europeia poderia contaminar o mundo. Investidores já previam naquele ano que viria uma possível desaceleração da China, além de uma mudança do modelo econômico naquele país, que começaria a migrar do crescimento baseado em exportações e investimentos em infraestrutura para outro, baseado em consumo e serviços.

A combinação de uma menor demanda por minério de ferro com o aumento da oferta, com a entrada de novos projetos, tenderia a jogar para baixo os preços desse minério, principal produto da Vale.

Assim, os múltiplos da Vale, no final de 2011, poderiam enganar e apontar que as ações da empresa poderiam estar subavaliadas. Na realidade, se no final de 2011 projetássemos o fluxo de caixa operacional da empresa considerando uma queda significativa dos preços do minério de ferro, poderíamos claramente concluir que as ações (no final de 2011 cotadas a preço em torno de R$ 39,00, contra R$ 53,00 no início do ano) não estavam subavaliadas, mas até caras.

As previsões dos analistas acabaram se confirmando. A queda forte dos preços do minério de ferro gerou uma piora do fluxo de caixa operacional e um forte aumento da dívida. O resultado da empresa foi caindo fortemente nos anos seguintes e a empresa fechou com grande prejuízo em 2015. O preço da ação chegou a ficar abaixo de R$ 10,00 no início de 2016, para em seguida apresentar uma forte valorização no ano, atingindo um valor acima de R$ 20 em novembro de 2016. Além da melhora nos números da empresa em 2016, o mercado talvez tenha exagerado na queda dos preços da ação, o que ajuda a explicar a performance da ação em 2016.

P/VPA ou PBV (*price book value ratio*)

$$P/VPA = PBV = \frac{\textit{valor de mercado}}{\textit{patrimônio líquido}} = \frac{\textit{preço}}{\frac{\textit{patrimônio líquido}}{\textit{número de ações}}}$$

sendo VPA (valor patrimonial da ação) = patrimônio líquido dividido pelo número de ações.

Normalmente, o valor de mercado é maior do que o patrimônio líquido devido a uma série de fatores, tais como:

- expectativas do desempenho favorável no futuro da empresa;
- ativos tendem a estar subavaliados (por exemplo, o imobilizado não é reavaliado, e o valor da marca e outros intangíveis, como o capital humano e carteira de clientes não aparecem no ativo);
- passivos podem estar superavaliados (pelo princípio do conservadorismo, uma empresa pode fazer um excesso de provisões para contingências).

Enfim, mesmo sendo comum associarmos as ações que possuem preço abaixo do valor patrimonial da ação como sendo subvalorizadas e, por isso, candidatas a uma valorização, não é recomendável tirar conclusões rápidas a partir desse indicador.

No entanto, muitas empresas trabalham com a relação preço/VPA abaixo de 100%. Nesse caso, os investidores podem entender que os ativos estão superavaliados, pois a expectativa de geração de caixa é baixa, ou o risco é elevado, ou ainda os passivos podem estar subavaliados (por exemplo, provisões trabalhistas, fiscais e passivos ambientais não contabilizados).

Esse indicador varia entre empresas devido a diversos motivos (Damodaran, 2007):

- taxas de rentabilidade sobre o capital investido (ROIC) e sobre o capital próprio (ROE) diferentes – empresas com maior rentabilidade tendem a ter uma relação P/VPA maior;
- risco – empresas mais arriscadas tendem a ter uma relação P/VPA menor;
- taxas de crescimento – quanto maior é a taxa de crescimento, maior tende a ser esse indicador;
- percentual de distribuição de dividendos (*payout*) – quanto maior é o *payout*, maior tende a ser a relação P/VPA.

Assim, para empresas do mesmo setor ou de risco semelhante, poderíamos tirar melhores conclusões com base nesse indicador, a partir da matriz da figura 7.

Figura 7
Relação entre P/VPA e ROE

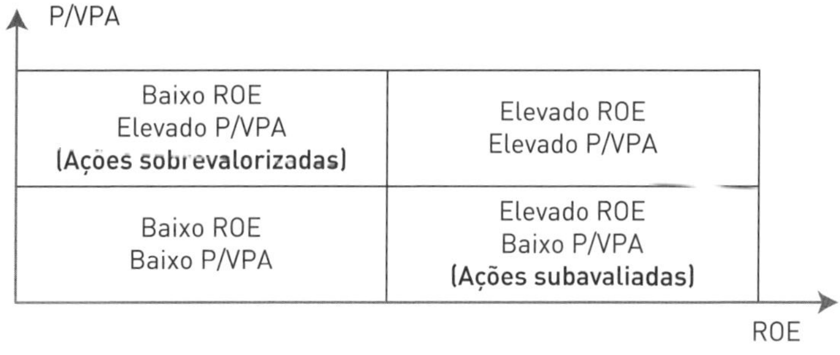

Empresas que trabalham com uma rentabilidade sobre o capital próprio (ROE) abaixo da média e P/VPA acima da média aparentam estar sobrevalorizadas.

Empresas que trabalham com uma rentabilidade sobre o capital próprio (ROE) acima da média e P/VPA abaixo da média aparentam estar subavaliadas.

Conforme dito, mais importante do que olhar o lucro ou a rentabilidade (situação econômica) do último ou dos últimos anos é tentarmos enxergar se essa rentabilidade vai ser mantida no futuro. Na tabela 48 temos o exemplo das Lojas Renner.

Tabela 48

Lojas Renner: P/VPA e ROE

Anos	2012	2013	2014	2015	2016
P/VPA	7,6	5,1	5,3	4,7	5,7
ROE	29,8%	30,2%	28,5%	27,5%	26,2%

Fonte: <www.confiancetec.com>. Acesso em: 28 abr. 2017.

A tabela 49 apresenta a relação P/VPA de 18 empresas, de 2012 a 2016.

Tabela 49

Relação P/VPA: empresas de capital aberto

	2012	2013	2014	2015	2016
Alpargatas	3,5	3,0	1,6	2,5	2,1
BRF	2,5	2,9	3,6	3,6	3,3
Cielo	16,4	15,4	15,2	9,7	6,8
CCR	10,4	9,1	8,1	5,9	7,2
Copel	0,6	0,5	0,5	0,3	0,4
Fibria	0,8	1,1	1,2	2,3	1,3
Grendene	2,5	2,6	2,0	1,9	1,8
Gerdau	1,0	0,8	0,4	0,2	0,6
Kroton	0,3	1,0	2,2	1,2	1,6
Localiza	5,8	5,2	4,6	2,7	3,3
Lojas Renner	**7,6**	**5,1**	**5,3**	**4,7**	**5,7**
Pão de Açúcar	2,8	2,9	2,5	1,1	1,5
Petrobras	0,7	0,6	0,4	0,4	0,9
Natura	19,4	15,6	12,2	9,9	10,0
Suzano	0,7	0,9	1,2	2,3	1,6
TOTVS	7,1	5,6	5,1	4,1	3,3
Vale ON	1,5	1,3	0,8	0,5	1,1
Weg	4,2	4,2	4,9	4,0	4,2

Fonte: <www.confiancetec.com>. Acesso em: 28 abr. 2017.

Preço/lucro ou P/E (*price earning ratios*)

$$P/L = PE = \frac{preço}{LPA}$$

sendo LPA = lucro por ação = lucro líquido dividido pelo número de ações.

Uma forma bem simples de interpretação é aquela que diz o seguinte: se o lucro líquido fosse constante e todo ele distribuído, poderíamos considerar o P/L o número de anos para a recuperação do investimento feito pelo investidor.

Assim, é comum entendermos as ações que possuem baixo P/L como subvalorizadas e, por isso, candidatas a uma valorização. No entanto, não é recomendável tirar conclusões rápidas a partir desse indicador.

Esse indicador varia entre empresas devido a vários motivos (Damodaran, 2007):

- taxas de rentabilidade sobre o capital investido (ROIC) e sobre o capital próprio (ROE) diferentes – empresas com maior rentabilidade tendem a ter uma relação P/L maior;
- risco – empresas mais arriscadas tendem a ter uma relação P/L menor;
- taxas de crescimento – quanto maior é a taxa de crescimento, maior tende a ser esse indicador;
- percentual de distribuição de dividendos (*payout*) – quanto maior é o *payout*, maior tende a ser esse indicador.

Figura 8

Relação P/L e ROE

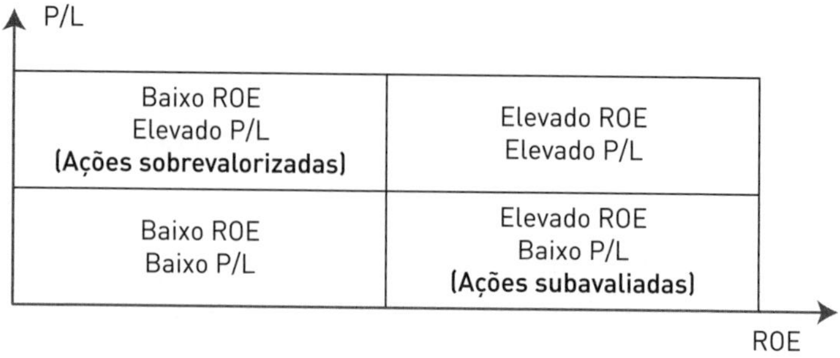

Empresas que trabalham com uma rentabilidade sobre o capital próprio (ROE) abaixo da média e P/L acima da média aparentam estar sobrevalorizadas.

Empresas que trabalham com uma rentabilidade sobre o capital próprio (ROE) acima da média e P/L abaixo da média aparentam estar subavaliadas.

Conforme dito, mais importante do que olhar o lucro ou a rentabilidade (situação econômica) do último ou últimos anos, é tentarmos enxergar se essa rentabilidade vai ser mantida no futuro. Veja, na tabela 50, o histórico da rentabilidade das Lojas Renner.

Tabela 50

Lojas Renner: análise da rentabilidade (P/L e ROE)

Anos	2012	2013	2014	2015	2016
P/L	27,9	18,8	20,7	18,9	29,8
ROE	29,8%	30,2%	28,5%	27,5%	26,2%

Fonte: <www.confiancetec.com>. Acesso em: 28 abr. 2017.

A seguir é apresentada a tabela 51 com a relação P/L de 18 empresas, com a margem líquida ao final de 2012 a 2016.

Tabela 51

Relação P/L de empresas de capital aberto

	2012	2013	2014	2015	2016
Alpargatas	20,40	18,50	11,30	16,60	13,18
BRF	45,40	40,50	25,10	15,50	-86,20
Cielo	16,10	19,20	20,30	18,00	13,80
CCR	29,20	23,20	20,70	25,30	20,20
Copel	9,80	5,70	5,70	3,70	6,80
Fibria	(17,70)	(21,80)	115,70	84,00	9,70
Grendene	11,60	12,50	9,40	9,20	11,00
Gerdau	18,40	16,20	9,80	(1,30)	(5,50)
Kroton	3,58	4,84	24,83	11,10	11,80
Localiza	31,63	18,26	18,42	13,10	22,60
Lojas Renner	**27,90**	**18,80**	**20,70**	**18,90**	**29,80**
Pão de Açúcar	22,70	26,20	20,60	42,00	(32,00)
Petrobras	12,30	8,80	(6,10)	(3,20)	(12,80)
Natura	29,30	21,20	18,70	19,70	43,60
Suzano	(40,80)	(45,00)	(46,90)	(22,40)	8,30
TOTVS	31,50	26,70	21,80	25,90	30,40
Vale ON	23,30	16,54	120,00	(1,50)	10,80
Weg	26,20	22,90	25,90	20,90	24,30

Fonte: <www.confiancetec.com>. Acesso em: 28 abr. 2017.

Preço/EBIT

$$P/EBIT = \frac{Preço}{(EBIT \div NA)}$$

sendo NA = número de ações

Quando uma empresa gera resultado líquido negativo, não é possível calcularmos a relação P/L. Algumas vezes, o resultado negativo pode ser proveniente de despesas não recorrentes, como provisões e resultados não operacionais. Nesse caso, pode ser interessante substituir o P/L pelo P/EBIT para podermos comparar a empresa com seus pares. Vejamos o exemplo das Lojas Renner na tabela 52.

Tabela 52

Lojas Renner: relação P/EBIT

Anos	2012	2013	2014	2015	2016
P/EBIT	11,2	12,3	11,1	12,3	15,1
ROE	29,8%	30,2%	28,5%	27,5%	26,2%

Fonte: <www.confiancetec.com>. Acesso em: 28 abr. 2017.

EBITDA

EBITDA = lucro da atividade + depreciação + amortização

É considerado o caixa operacional *potencial* da empresa. Ou seja, se não houvesse variação da necessidade de capital de giro, o EBITDA seria o caixa operacional gerado pela empresa.

Múltiplo de EBITDA

$$\text{EV/EBITDA} = \frac{\textit{Valor de mercado + passivo - disponibilidades}}{\textit{EBITDA}}$$

sendo EV (*total enterprise value*) ou valor da empresa, que é a medida dada pelo mercado do valor dos ativos da empresa.

O EBITDA mede a geração de caixa operacional potencial da empresa, e o EV (*total enterprise value*) mede o valor da empresa, que é a medida dada pelo mercado do valor dos ativos da empresa.

O EV é calculado somando-se o valor de mercado da empresa (preço da ação multiplicado pelo número total de ações) com sua dívida financeira líquida.

No índice P/L compara-se o valor de mercado com o lucro líquido da empresa, pois o lucro líquido pertence aos acionistas. Quanto menor é o P/L, maior é o lucro em relação ao valor de mercado e mais atraente é a ação.

De forma análoga, no índice EV/EBITDA compara-se o valor da empresa com o EBITDA da empresa, pois o EBITDA é usado para financiar investimentos, pagar juros e principal para os credores e dividendos para os acionistas. Quanto menor é o múltiplo EV/EBITDA, maior é o EBITDA em relação ao valor da empresa e mais atraente é a ação.

Empresas menos arriscadas costumam trabalhar com múltiplos EV/EBITDA maiores, e empresas mais arriscadas, com múltiplos menores.

Repare na tabela 53 o exemplo das Lojas Renner.

Tabela 53

Lojas Renner: relação EV/EBITDA e ROE

Anos	2012	2013	2014	2015	2016
EV/EBITDA	10,1	11,2	10,0	10,9	12,6
ROE	29,8%	30,2%	28,5%	27,5%	26,2%

Fonte: <www.confiancetec.com>. Acesso em: 28 abr. 2017.

Taxa de retorno dos dividendos (*dividend yield*)

$$Dividend\ yield = \frac{DPA}{preço}$$

onde DPA (dividendo por ação) = dividendos pagos nos últimos 12 meses divididos pelo número de ações.

Esse indicador reflete a taxa de rendimento gerado apenas pelos dividendos recebidos.

Conhecemos, neste capítulo, a análise realizada pelos investidores que desejam avaliar uma empresa para investimento, ou seja, para comprar suas ações.

Conclusão

Neste livro você foi apresentado a todos os aspectos necessários à análise dos aspectos econômico-financeiros de uma empresa: sua estrutura de curto e longo prazos tanto nas fontes de financiamento quanto nas destinações dos recursos e sua liquidez diante das necessidades de caixa no curto prazo.

Você conheceu como os administradores, credores, investidores analisam, por meio dos índices, a real situação da empresa e as ferramentas de gestão sintonizadas com as necessidades e oportunidades que se apresentam. Realizar uma análise dos demonstrativos financeiros e sua evolução no tempo, aliada à análise dinâmica do fluxo de recursos, permite extrair informações relevantes sobre a evolução dos resultados econômico-financeiros da empresa. É necessário acrescentar, também, características do segmento em que a empresa atua, cenário macroeconômico e os indicadores de mercado.

Não consideramos, no decorrer do livro, análise de instituições financeiras, uma vez que possuem um plano contábil diferenciado, denominado Plano Contábil das Instituições do Sistema Financeiro Nacional (Cosif), criado com a edição da Circular Bacen nº 1.273, em 29 de dezembro de 1987. O Cosif unificou a contabilidade das instituições financeiras e demais instituições autorizadas a funcionar pelo Banco Central do Brasil. Apesar de o Cosif incorporar normas emitidas pelo Instituto dos Auditores Independentes do Brasil (Ibracon) e pelo Comitê de Pronunciamentos Contábeis (CPC), as contas dessas instituições devem ser analisadas de acordo com as características específicas do segmento financeiro.

Referências

BEAVER, William H. Alternative accounting measures as predictors of failure. *Accounting Review*, jan. 1968.

COSTA, Luiz G. T. Aboim et al. *Análise econômico-financeira de empresas*. Rio de Janeiro: FGV Ed., 2008.

______; COSTA, Luiz R. T. Aboim; ALVIM, M. A. *Valuation*: manual de avaliação e reestruturação econômica de empresas. São Paulo: Atlas, 2011.

DAMODARAN, Aswath. *Avaliação de empresas*. 2. ed. São Paulo: Pearson Education, 2007.

FLEURIET, Michel; KEHDY, Ricardo; BLANC, Georges. *A dinâmica financeira das empresas brasileiras*: um modelo de análise, orçamento e planejamento financeiro. 2. ed. Belo Horizonte: Fundação Dom Cabral, 1980.

HOJI, Masakazu Hoji. *Administração financeira na prática*. São Paulo: Atlas, 2014.

LEITE, Helio de Paula; HOPP, João Carlos. O mito da liquidez. *Revista de Administração de Empresas*, São Paulo, v. 29, n. 4, out./dez. 1989.

MARION, José Carlos. *Contabilidade empresarial*. 7. ed. São Paulo: Atlas, 2015.

MATARAZZO, Dante. *Análise financeira de balanços*: abordagem gerencial. 7. ed. São Paulo: Atlas, 2015.

MULLER, Aderbal Nicolas; ANTONIK, Luis Roberto. *Análise financeira*: uma visão gerencial. São Paulo: Atlas, 2008.

SILVA, J. Pereira da. *Análise financeira de empresas*. 12. ed. São Paulo: Atlas, 2013.

Autores

Luiz Guilherme Aboim Costa
Mestre em engenharia de produção pela Universidade Federal Fluminense (UFF), especialista em engenharia econômica e administração industrial pela Universidade Federal do Rio de Janeiro (UFRJ) e economista pela Universidade do Estado do Rio de Janeiro (Uerj). Professor convidado do Coppead/UFRJ e do Programa FGV Management. Sócio fundador da Confiancetec Inteligência Empresarial. Consultor em elaboração e análise de projetos e avaliação de empresas.

Myrian Layr Monteiro Pereira Lund
Mestre em gestão empresarial pela Fundação Getulio Vargas (FGV), especialista em finanças pelo Ibmec e graduada em administração pela FGV. Ocupou por 20 anos cargos executivos em instituições financeiras. Sócia da Lund Finanças, especializada em planejamento financeiro pessoal e familiar e em gestão financeira de pequenas e médias empresas. Professora convidada do FGV Management e coordenadora de MBAs em cooperativismo de crédito.

Este livro foi impresso nas oficinas gráficas da Editora Vozes Ltda.,
Rua Frei Luís, 100 – Petrópolis, RJ.